INTELIGENCIA EMOCIONAL

Domina la ansiedad y el estrés aumentando la autoestima y la positividad con 7 reglas simples que te permitirán tener una vida feliz

de
Ryan Andrews

índice

¿Qué es la inteligencia emocional?   11

De Thorndike a Salovey y Mayer: los albores de la inteligencia emocional   11

El modelo Goleman   15

La inteligencia emocional como habilidad fundamental para el éxito   19

Descubre tus emociones: lo que son y cuál es su papel   23

Las emociones en la teoría evolutiva   23

Los estudios más recientes sobre las emociones   24

Las emociones primarias y secundarias   28

La asertividad: una competencia esencial   41

Desactivar los patrones emocionales: identificar y deconstruir los desencadenantes   43

Nuestro cuerpo cuenta nuestras emociones   49

Remodelar el pensamiento desprendiéndote de tus emociones   54

¡El primer paso hacia la inteligencia emocional ya está dado!   57

Descubre y cultiva tu habilidad empática   62

El ingrediente secreto del éxito en las relaciones humanas   62

Qué podemos hacer para mejorar nuestra capacidad empática 68

La empatía y el liderazgo: una historia de amor 71

Descubramos nuevos puntos de vista 75

¡Seamos los arqueólogos de nuestra empatía! 78

¿Cuáles son las señales que debemos aprender a reconocer? 81

Un breve resumen: la empatía como herramienta en la vida cotidiana 90

Ve a la descubierta de tu verdadero yo 94

¿Cómo encontrar la brújula? Comencemos desde los orígenes 100

Proyecto por lo tanto soy: nuestro futuro en nuestras manos 105

Niños e inteligencia emocional: educa niños felices 111

Ninguna emoción es incorrecta 120

Los beneficios relacionales de una familia dedicada a la inteligencia emocional 121

Inteligencia emocional: descubre la clave del liderazgo 123

Los beneficios de un ambiente de trabajo provisto de un buen líder 125

El liderazgo como entrenamiento 128

Estrategia aplicada para el desarrollo de la inteligencia
emocional: dos pasos prácticos   130

   Ejercicios Podría ser interesante y de mayor apoyo
   hacer algunos ejercicios prácticos, capaces de ponernos
   en mayor conexión con nuestras emociones: 136

Conclusiones   139

Empecemos ahora mismo con un *regalo para ti* que has decidido comprar un ejemplar de mi libro.

Escanea el código o haz clic en el enlace para canjearlo en menos de un minuto :

Link :

https://mailchi.mp/c1d755154089/ryanandrewsespana

Introducción

Como estudioso de la mente humana y sus extraordinarios procesos de producción de pensamiento, y por supuesto como analista de la realidad contemporánea, siempre he encontrado la inteligencia emocional un tema de enorme interés científico y forense. Soy Ryan Andrews y he estado escribiendo sobre procesos cognitivos, psicología, manipulación mental y lenguaje corporal durante varios años, con cierto éxito. Lo que me llevó a la realización de este manual, que quiere ser más que una guía, con sus 7 pasos, fue la observación de la propagación de enfermedades mentales, como la depresión.

Paradójico que la era de la posibilidad es también la era de la insatisfacción, la descomposición mental, la depresión y los suicidios. Nuestro tiempo, gracias al avance tecnológico, nos permite reinventarnos en cada momento, conocer todo lo que despierta nuestra curiosidad, ponernos en contacto con la gente independientemente de la distancia que nos divida, sin embargo, nuestras ciudades están llenas de personas aisladas, solitarias, que viven su propio trabajo como una carga y que se quejan de una vida matrimonial desprovista del amor que la creó, e incluso en algunos casos viven la misma como una condena. Ciertamente parte del problema puede atribuirse a la transformación de nuestras ciudades en auténticas fraguas, que son todo menos a escala humana. Parte del problema también se debe a la administración constante de estímulos -a veces traumáticos- relacionados con los problemas planetarios más espinosos. Pero es difícil pensar que un trabajador centroeuropeo podría entrar en depresión debido al calentamiento global o la crisis climática.

Entonces, ¿cuáles son las verdaderas causas de esta crisis emocional? En los últimos cincuenta años, los estudios en torno a la inteligencia emocional han proporcionado

8

tantas herramientas para mejorar la propia vida que hace aún más obvio por qué nuestras vidas se han vaciado. Hemos perdido completamente el contacto con nosotros mismos, con nuestra naturaleza, con nuestra emotividad, responsables del 99,9% de nuestras acciones y decisiones. Y sin ella probablemente hemos perdido la capacidad de hacernos felices.

¿Cómo podemos ser felices si nunca nos preguntamos qué necesitamos? ¿Cómo podemos estar satisfechos con nuestra vida si hemos perdido por completo el hábito de tomar decisiones basadas en nuestros deseos?

La inteligencia emocional es una herramienta indispensable para corregir esta "ceguera emocional" adquirida, para hacer florecer lo que naturalmente poseemos, para leer la realidad y leernos a nosotros mismos, y no sólo: la inteligencia emocional es capaz de enseñarnos a manejar esas emociones, a orientarlas hacia nuestros objetivos y a hacer lo mismo con las emociones de las personas que nos rodean.

También he escrito otros libros, que te pueden ser de ayuda, si quieres entender mejor la mente humana y sus secretos. Entre otros: Manipulación Mental, Lenguaje Corporal y Psicología Oscura. Puedes comprar 3 de mis libros en bundle en Manipulación Mental 2.0

Únete a mi grupo de Facebook para mantenerte al día sobre los lanzamientos de mis textos: https://www.facebook.com/groups/133626462031405

Busca en facebook: **Ryan Andrews Readers Group**

Si lo deseas, al final de la lectura deja una reseña sobre mi obra. ¡ Para mí tu opinión es fundamental!
Buena lectura de su

Ryan Andrews

¿Qué es la inteligencia emocional?

De Thorndike a Salovey y Mayer: los albores de la inteligencia emocional

El concepto de Inteligencia Emocional es relativamente joven, en comparación con el panorama de los estudios psicológicos y sociológicos realizados a lo largo de la historia. En una Europa que había regresado de la Primera Guerra Mundial, se desarrolló el primer enfoque de la inteligencia social. Esto fue estudiado y más tarde definido por el psicólogo estadounidense Edward Lee Thorndike en 1920 como la capacidad de "comprender y motivar" a las personas que nos rodean. Sin embargo, la primera relación de esta competencia con la esfera emocional se hizo esperar hasta 1955.

De hecho, será el autor de una de las pruebas de inteligencia más difundidas del mundo, *la Escala Bellevue Weschsler*, David Wechsler, la que destacará que cualquier

11

evaluación relacionada con el coeficiente intelectual debe relacionarse con la esfera emocional del individuo.

Finalmente en 1990, después de otros treinta años de investigación, se dio la primera definición de Inteligencia Emocional, propuesta por dos psicólogos y académicos estadounidenses: Peter Salovey, profesor de la Universidad de Yale y el investigador John D. Mayer. A partir de los artículos publicados sobre el tema, la inteligencia emocional se definió como la competencia, inherente al ser humano -más o menos profunda- para detectar y procesar información basada en el tejido emocional, y posteriormente utilizar dicho proceso como una construcción de pensamiento y definición de comportamiento. Por lo tanto, los sujetos dotados de una mayor inteligencia emocional serían capaces de escuchar, interpretar y manejar las emociones propias y ajenas a un nivel superior, convirtiéndolas en una enorme ventaja social y personal. Esta competencia, de hecho, se observa como decisiva en el contexto del intercambio interpersonal, e incluso se señala como fundamental en relación con el crecimiento personal, emocional e intelectual.

Salovey y Mayer se distinguieron en temas dotados con esta peculiaridad de cuatro habilidades:

- **Percepción Específica**: la capacidad de identificar y evaluar correctamente las emociones, incluso expresarlas socialmente de forma clara; esta competencia también puede extenderse a la identificación de las emociones y expresiones emocionales de los demás;

- **Dominio de los procesos de pensamiento**: tras la lectura de las emociones -propias o de los demás- utilizar las mismas para amplificar y apoyar procesos de pensamiento complejos y tomar decisiones;

- **Comprensión de las emociones**: saber leer, entender e interpretar las emociones (incluso las más complejas) y relacionarlas con su expresión y verbalización;

13

- **Manejo de emociones**: transmitir estas emociones sobre la base de objetivos precisos, controlando emociones positivas y negativas, con el fin de perseguir un objetivo racionalmente establecido.

Las investigaciones llevadas a cabo por Salovey y Mayer también condujeron al desarrollo de una prueba: **el MSEIT** (Test de Inteligencia Emocional de Mayer, Salovey y Caruso). El contenido de la prueba no estaba dirigido en absoluto a evaluar la inteligencia del sujeto como se entiende comúnmente. El MSEIT no consistía en preguntas y respuestas con soluciones objetivamente incorrectas u objetivamente correctas, y fue precisamente este aspecto el que más críticas atrajo.

El modelo Goleman

Graduado en Harvard y especializado en "psicología clínica y desarrollo de personalidad", David Goleman es considerado el padre de la Inteligencia Emocional. Nació en 1946, al final de la Segunda Guerra Mundial, en los Estados Unidos. Estudió en el Amherst College, luego obtuvo un doctorado en India y un postdoctorado en el Social Science Research Council. Psicólogo, académico, profesor en la Universidad de Harvard, periodista -en particular para el New York Times en 1984-, autor de decenas de ensayos que se encuentran entre los más leídos del mundo, Goleman elabora un modelo que hoy se considera la piedra angular del estudio y desarrollo de la inteligencia emocional.

Hay que decir que su enfoque está fuertemente arraigado en la cultura en la que está inmerso, orientado a la productividad y a la consecución de objetivos personales y laborales. Goleman, de hecho, no sólo estudia y perfecciona el concepto de Inteligencia Emocional como una suposición teórica, sino que identifica una orientación que podríamos definir práctica, pulsante: si Salovey y Mayer habían teorizado la Inteligencia Emocional como una habilidad útil para el sujeto que está dotado de ella, en última instancia para su crecimiento personal o en el límite para su prosperidad social, Goleman relaciona esta increíble capacidad con la satisfacción personal y en particular con el éxito en el entorno laboral.

Según el modelo de Goleman, la inteligencia emocional se realiza a través de cinco habilidades principales diferentes, orientadas al logro, como ya se ha mencionado, del éxito del sujeto:

• **Autoconciencia:** en primera instancia, por supuesto, la inteligencia emocional requiere un profundo conocimiento y posterior conciencia de uno mismo y de los propios límites, fortalezas y debilidades; este conocimiento debe estar relacionado con la conciencia del impacto que tales peculiaridades pueden tener en los demás, así como el impacto que las propias emociones pueden tener en la emotividad de los otros;

• **Autorregulación:** no hace falta decir que una autoconciencia real y consolidada también hace posible un proceso de autorregulación y control sobre las propias emociones, para que no sean estas las que dominan el comportamiento o definen las decisiones;

• **Habilidad social**: se basa en la capacidad de gestionar sabia y racionalmente las propias relaciones sociales, las mismas que establecemos, con la finalidad de dirigirlas a un objetivo definido;

• **Motivación:** fundamental para la vida cotidiana moderna, esta habilidad consiste en reconocer, aislar y manejar las emociones y sensaciones negativas, incluso transformarlas en pensamientos positivos capaces de motivar la acción;

• **Empatía**: en última instancia, el modelo de Goleman contempla una competencia empática, que se sustenta como es evidente en la capacidad de comprender

17

plenamente e identificarse con las emociones y estados de ánimo de los demás.

Goleman señala en su estudio que las habilidades emocionales y relacionales rara vez pueden ser innatas y más bien son aprendidas, cultivadas y perfeccionadas a lo largo de la vida, y que estas juegan un papel importante de acuerdo con los objetivos de éxito social y profesional. Goleman, de hecho, asocia la Inteligencia Emocional con oportunidades de crecimiento personal y surgimiento de relaciones humanas de calidad, pero también y sobre todo con el desarrollo de su competencia de liderazgo.

La inteligencia emocional como habilidad fundamental para el éxito

Reclutadores y gerentes de todo el mundo están de acuerdo con el Foro Económico Mundial en la definición de la Inteligencia Emocional como una de las diez habilidades más importantes -y por lo tanto más solicitadas- de nuestro tiempo. Como también dijo Goleman, estamos inmersos en un tiempo caracterizado por el cambio y la renovación tecnológica constante, y paradójicamente esto está haciendo cada vez más evidente que son las relaciones humanas las que marcan la diferencia dentro del tejido económico mundial: la inteligencia y la competencia no son suficientes para garantizar el máximo rendimiento de un grupo de trabajo. Estos deben ir necesariamente acompañados de competencia emocional y empática, autoconciencia y otros, en pocas palabras, inteligencia emocional.

19

Nuestras emociones y la forma en que las gestionamos y controlamos, así como la capacidad de analizar y entender las emociones de los demás, son los elementos fundadores de la calidad de nuestras relaciones, y determinan el logro de nuestros objetivos de equipo - social y profesional - más que muchos otros factores.

En esta visión transversal y orientada a los objetivos, son inmediatamente comprensibles las razones del éxito del modelo expresado por Goleman. Esto, de hecho, se configura como apoyo concreto al individuo que quiere seguir un camino capaz de conducir a la realización personal a 360 grados: no sólo el crecimiento personal, sino también el surgimiento emocional, no sólo la comprensión de sí mismo, sino también el control del pensamiento racional, no sólo la satisfacción, sino la felicidad.

Sucede con frecuencia, especialmente en una época como la nuestra, tan llena de estímulos e inputs sensoriales, que las emociones toman el control, nublando nuestra lucidez.

20

Esto no sólo amenaza con limitar nuestra vida diaria, sino que sobre todo contribuye a alejarnos de la realización de una vida satisfactoria, plena y feliz.

Científicamente, de hecho, las emociones de las que a menudo somos presa, impiden que el juicio regule nuestro comportamiento: todo lo que percibimos se procesa, en efecto, a través de un camino complejo que va de la transición del sistema límbico, un área del cerebro responsable del desarrollo de las emociones, al lóbulo frontal, sede del razonamiento y del pensamiento lógico. Desde aquí es fácil intuir por qué el control de las emociones puede marcar la diferencia en comparación con la capacidad de tomar decisiones consideradas y más ponderadas. De lo contrario, en realidad, las mismas decisiones se moverían por sensaciones y emociones, lo que difícilmente nos permitiria actuar en virtud de nuestros objetivos.

Trabajar nuestra propia inteligencia emocional, entrenarla, nos permite dirigir nuestras vidas de una

21

manera más rentable desde todos los puntos de vista, evitando que las emociones dominen nuestra acción y dejando, más bien, a nuestros objetivos la tarea de guiar nuestro camino proactivamente.

Frente a este análisis, podemos definir la Inteligencia Emocional (EI), como la capacidad de actuar con conciencia de uno mismo y de sus emociones, de comprender las emociones de los demás y de dirigir su comportamiento de acuerdo con sus objetivos.

Descubre tus emociones: lo que son y cuál es su papel

Las emociones en la teoría evolutiva

Darwin teorizó las emociones por primera vez después de la segunda mitad del siglo XIX, descubriendo que se trataba de una relación entre las especies animales y los seres humanos. Identificó en las emociones, incluso, una serie de procesos de adaptación fundamentales a la vida: la percepción del peligro, la necesidad de establecer vínculos intraespecíficos, la necesidad de comunicarse. Estas son algunas de las características comunes a los seres humanos y las especies animales sujetas a su estudio. Las emociones ya hace dos siglos se consideraban esenciales con respecto a la supervivencia de su especie y el crecimiento correcto y saludable de los grupos sociales. Teorizó sobre la base de estas observaciones que las "expresiones emocionales" eran en realidad universales y tenían una base biológica. Un descubrimiento absolutamente extraordinario para su tiempo, que de hecho revolucionó la percepción de las emociones humanas, que a partir de ese momento se convirtieron en objeto de estudio, materializandose hasta hoy como uno de los mayores campos de estudio de la psicología.

Los estudios más recientes sobre las emociones

La definición más acreditada ve las emociones como fenómenos de extrema complejidad que nacen y se desarrollan a partir de la interacción entre el sujeto y el mundo exterior, y que dan vida a experiencias cognitivas y sensoriales. Estas son capaces de activar, a veces, reacciones "finalizadas, adaptativas o disfuncionales". Las emociones tienen un vínculo directo con la comunicación interna y externa: se comunican con el sujeto que está impregnado de ellas informando sobre el entorno que lo rodea (el aumento de la frecuencia cardíaca o la sudoración a veces puede indicar una condición de peligro), pero también se comunican externamente a través de expresiones faciales, que envían señales a los demás sujetos presentes. Esta breve visión científica de las emociones, en comparación con el concepto de inteligencia emocional, proporciona un importante elemento de reflexión. El miedo, por ejemplo, podría llevarnos a reaccionar instintivamente en las situaciones correctas, así como empujarnos a atribuir nuestro comportamiento a una total irracionalidad en las circunstancias que más necesitan de nuestro control.

Veamos algunos ejemplos. Nos encontramos solos en un camino oscuro y sin tráfico, y sentimos pasos detrás de nosotros: en este contexto específico, nuestro instinto de supervivencia y protección delega al miedo la tarea de señalarnos una circunstancia de peligro. Por veraz que sea, nuestro sentimiento debe actuar en cooperación con nuestra racionalidad, para definir con precisión la mejor manera de actuar en esa circunstancia. Dejarse dominar por el miedo podría ser completamente contraproducente, sin embargo, hay muchas personas que, tomadas por el pánico, empezarían a correr sin mirar en qué dirección se dirigen.

Si estamos a punto de enfrentar un examen importante, el miedo de no poder afrontarlo de la manera que nos gustaría podría asomarse justo cuando cruzamos el umbral del aula. Esta emoción, tan poderosa, podría nublarnos, hasta que nos hagamos cargo de nuestras habilidades cognitivas, nuestras horas de estudio y nuestra competencia, e impedirnos de realizar el examen de la mejor manera posible. Justo en este momento sería importante tomar el control de nuestras emociones y dominarlas, con el fin de convertirlas en facilitadoras de nuestro éxito y no en enemigas, como lamentablemente suele suceder.

Controlar las emociones también es extremadamente importante en relación con nuestras relaciones sociales. La estructura de la comunidad contemporánea, enormemente más compleja que las aglomeraciones feudales de hace unos siglos, permite y al mismo tiempo impone un uso más mesurado de nuestras emociones.

En otras palabras, si bien las sociedades del pasado a menudo estaban dominadas por el conflicto, la búsqueda de la dominación del otro y el instinto atribuible a la supervivencia, a pesar de que estos eran los comportamientos designados para el éxito, hoy en día es el control y la autoconciencia y la racionalidad lo que nos permite perseguir nuestros propios objetivos.

Pero, ¿cómo podemos tomar conciencia, embarcarnos en un camino de desarrollo concreto funcional para el crecimiento de la inteligencia emocional? Para empezar, conociendo las emociones humanas.

Las emociones primarias y secundarias

Fundamentales para la vida e innatas las emociones primarias están presentes, independientemente de la etnia y la cultura, en todos los seres humanos del mundo. Estas incluyen alegría, miedo, ansiedad, ira, tristeza, desprecio, disgusto y sorpresa. Las emociones primarias son indispensables, como se anticipó para la supervivencia, ya que son capaces de señalar al sujeto una condición que necesita una reacción específica (el miedo, por ejemplo, nos obliga a estar alerta; la alegría induce un fuerte bienestar y así sucesivamente), mientras que las emociones secundarias, o complejas, están estrechamente conectadas con el entorno en el que crecemos: según nuestra educación, experiencias y habilidades cognitivas, se desarrollan emociones complejas, que son mezclas de emociones primarias. Entre ellas nos encontramos con celos, envidia, culpa y vergüenza. Pero vamos a descubrirlas juntos:

La alegría

Es una emoción vibrante, positiva y de gran impacto tanto en términos emocionales como fisiológicos. La alegría es capaz de dar bienestar emocional y un sentimiento de gran positividad y optimismo, pero extraordinariamente también tiene implicaciones fisiológicas. La alegría es, en efecto, capaz de mejorar durante mucho tiempo el estado de salud de aquellos que se impregnan de ella, como una infusión de vitaminas! Una persona alegre es en promedio más saludable emocional y físicamente, que una persona deprimida o muy negativa. Las razones son estrictamente científicas y se basan en las sustancias liberadas en nuestro cuerpo cada vez que sentimos esta sensación.

El miedo

Una de las emociones más antiguas y ancestrales, el miedo es una emoción de protección, ya que se activa para alertarnos de algún tipo de peligro. Normalmente el miedo se desata cuando entramos en una situación que ya hemos vivido y de la que no tenemos un buen recuerdo. Como un detector de humo que comienza a sonar para advertir de un incendio, del mismo modo el miedo se activa para señalar la posibilidad de un peligro inminente. En otros casos puede manifestarse irracionalmente en relación con personas o situaciones que aún no se han experimentado, pero que nuestro cerebro percibe como peligrosas. Es un aliado valioso en ciertas situaciones, pero también un enemigo poderoso, si se deja apoderar de nuestra racionalidad.

La ansiedad

En la sociedad moderna, la ansiedad es una de las causas más frecuentes de malestar social y empeoramiento de la vida de quienes la experimentan. Desafortunadamente, afecta a una proporción cada vez mayor de la población, con las consecuencias relacionadas con el uso y abuso de drogas o sustancias y alcohol. La ansiedad proviene de un sentimiento de preocupación por algo que podría ocurrir, algo que podría no ocurrir como nos gustaría, o algo que no conocemos y no sabemos cómo manejar. La ansiedad se caracteriza por su capacidad para desencadenar, en casos más extremos, una verdadera sensación de pánico. Desafortunadamente, esta emoción a menudo se refiere a la falta de racionalidad de la persona que es afectada por ella, por lo que fácilmente toma el control del comportamiento de aquellos que están invadidos por la misma, con efectos nada positivos.

La ira

La ira es percibida muy negativamente por nuestra sociedad, sin embargo, es una emoción que tiene todo el derecho a ser conocida, explorada y expresada. No hace falta decir que su expresión debe llevarse a cabo con moderación y control - perder los estribos por la ira nunca conducirá a acciones o reacciones fructíferas! -. La ira a menudo es el resultado de una falta o lo que percibimos como tal, en comparación con una expectativa. A veces se desata como resultado de una circunstancia frustrante o que nos trae algún tipo de daño. Es una emoción muy poderosa y compleja de manejar, y en esta la inteligencia emocional puede ser, ciertamente, de ayuda.

La tristeza

Otra emoción bastante negativa es la tristeza, que lleva a quienes la experimentan al cierre hacia afuera - emocional, pero también física, como a menudo enfatizan las suposiciones del lenguaje paraverbal -. No sólo eso, la tristeza conduce a una profunda reflexión con respecto a lo que se cree que causó tal emoción. La tristeza también lleva a la persona que la siente a la necesidad de procesar la experiencia vivida, porque a menudo esta emoción ocurre debido a la pérdida de seres queridos -personas, mascotas y así sucesivamente- la pérdida de algo preciado -por ejemplo, el trabajo -.

El *desprecio y el disgusto*

Estas emociones a menudo están relacionadas entre sí, y derivan de inputs negativos, de acuerdo con la percepción de la persona que las experimenta. Estas son emociones con un fuerte impacto en la mímica facial y una contribución significativa a la evaluación de lo que las causó. Estas también son emociones arcaicas y ancestrales, profundamente arraigadas en el espectro de la evolución humana. Un sabor percibido como desagradable, una situación percibida como repugnante, llevan al sujeto que trata de eliminar la fuente de esa sensación, y a menudo a evitar consecuencias desagradables -como un fuerte dolor de estómago, en el caso de un alimento caducado!.

La sorpresa

Puede parecer extraño, pero la sorpresa es también una de las emociones primarias: de hecho, ya se encuentra a una edad muy temprana. Los recién nacidos se sienten sorprendidos cuando se le solicita con estímulos auditivos, visuales y olfativos, etc. Después de unos momentos -la sorpresa es, de hecho, una de las emociones más cortas- la sorpresa da paso a otra emoción, caracterizando la reacción real a lo que despierta el estímulo: alegría, disgusto, miedo. Al igual que muchas otras emociones, ya sean primarias o secundarias, la sorpresa puede variar en intensidad y duración y esto la caracteriza de manera diferente. Una sorpresa muy fuerte puede convertirse en miedo, o felicidad, al igual que una sorpresa leve puede dar lugar a una emoción más débil y corta, en su curso.

Las emociones secundarias: la vergüenza

Como ya se ha mencionado, las emociones secundarias tienen una descendencia ambiental directa: están fuertemente sujetas a experiencias individuales y al entorno en el que la persona crece y desarrolla su personalidad. Sin embargo, para entender plenamente cada una de las emociones secundarias, hay que tener en cuenta que ellas también disfrutan de una correlación esencial con el aspecto evolutivo. La vergüenza, por ejemplo, se configura como una emoción fuertemente conectada con el instinto de supervivencia: esta emoción impone, con su fuerza transformadora, al individuo a crear y mantener una buena "imagen social", tal como para permitir el entramado de vínculos de calidad. Estos garantizarán que el sujeto disfrute de una serie de beneficios relacionados con permanecer en su grupo de iguales. Cuando se activa la vergüenza, como resultado de las críticas, de un rechazo o de un alejamiento del grupo social, después de un momento inicial de sufrimiento, nos impulsa a actuar para

35

recuperar ese espacio y esos beneficios. De hecho, para obtener de nuevo esa seguridad y recursos, podríamos activar involuntariamente un mecanismo de sumisión.

Las emociones secundarias: el sentimiento de culpa

Una emoción secundaria más joven y un poco menos relacionada con las suposiciones evolutivas es la culpa. Esto, de hecho, tiene un fuerte vínculo con el aparato moral de una sociedad compleja y sus normas éticas.

Estos dogmas, mucho más recientes, son el principal factor de activación del sentimiento de culpa, que de hecho subsiste justo cuando se les ignora.

Este sentimiento, ya sea inducido por otros individuos o por circunstancias específicas, empuja a aquellos que lo experimentan a reflexionar en torno a su propio "error" -o lo que se percibe como tal- incluso a corregir el comportamiento considerado incorrecto y, por lo tanto, una fuente de culpa.

Las emociones secundarias: la envidia

La envidia se percibe universalmente como una emoción secundaria fuertemente negativa, debido a sus implicaciones sociales. Pero primero analicemos sus orígenes: la envidia tiene una función estrictamente evolutiva, ya que consiste en el impulso motivacional para adoptar comportamientos específicamente dirigidos a la superación. La obtención de mejores beneficios sociales, la optimización de los recursos, la mejora del propio estatus: en esencia, la envidia empuja a la persona que la experimenta a esforzarse para conseguir más.

Entonces, ¿por qué se percibe tan negativamente? En primer lugar porque la envidia es una emoción fuertemente variable, en segunda instancia, porque otras emociones también se relacionan con ella. De hecho, se distinguen varios tipos de envidia: benigna y maligna, depresiva u hostil, basados en el conjunto de emociones que se forman. La envidia se combina con mayor frecuencia con emociones primarias, como la tristeza y la ira, pero a veces incluso con las secundarias, como la vergüenza.

La *envidia* definida benigna coincide con la admiración e imitación de otra persona. No implica ningún daño ni a la persona envidiosa, ni a la persona admirada, sino más bien una infusión de motivación que permitirá al sujeto mejorar para parecerse a la persona envidiada.

De lo contrario, la envidia maligna lleva a aquellos que la experimentan a tratar de empeorar la motivación, la autoestima y la condición de la persona envidiada. Aquí encontramos un daño que incluye, en cambio, a ambos sujetos de una manera importante.

La envidia depresiva, por otro lado, tiene un desarrollo retorcido en la mente de quienes la experimentan: obliga a la confrontación continua con los demás, sin motivar realmente al sujeto para mejorar. Las sensaciones más frecuentes en este caso que se asocian con ella son la tristeza, la depresión, el desánimo. Esta forma de envidia no daña a la persona envidiada, sino sólo al envidioso.

Por último, la envidia hostil, que consiste en la formación de sentimientos de ira, hostilidad y resentimiento en el sujeto. Este llegará a desear el fracaso de los demás, a contribuir con la destrucción del éxito de los otros e incluso a disfrutarlo.

Esta emoción tiene un fuerte potencial destructivo, para aquellos que la experimentan y para aquellos que la sufren, por lo que necesariamente debe mantenerse bajo control, explorada y dirigida correctamente.

Después de este breve debate sobre las emociones universales, complejas y ambientales, echamos un vistazo al contexto histórico y cultural en el que estamos inmersos, haciendo una breve reflexión en torno a su relación.

La contemporaneidad está dominada por generaciones de rendimiento: la productividad, la perfección estética y el pragmatismo son las suposiciones fundamentales de nuestra sociedad.

Nuestro tiempo ve por primera vez, en efecto, una sociedad que condena el cansancio y limita la expresión de las emociones humanas, que antepone la estética impecable a la fragilidad y a la falibilidad del alma. Las consecuencias de esta tendencia son desastrosas, especialmente con respecto a la salud emocional de la comunidad, a la que se le exige que no explore sus emociones hasta el punto de lograr la conciencia de su estado emocional, sino más bien para sedarla con drogas y ritmos de trabajo apretados. Se impone un tabú a las emociones negativas que ciertamente no ayuda a erradicarlas, sino a hacerlas endémicas y persistentes, a veces patológicas: la tristeza, la frustración y la insatisfacción que reprimidas se convierten en depresión; la ansiedad, oculta y sedada, que se convierte en una verdadera incapacidad para establecer relaciones sociales sanas y fructíferas.

En cualquier momento de nuestros agitados días podemos experimentar una u otra emoción, pero sólo al tomar plenamente conciencia de ellas, y dejarles el espacio para indicarnos lo que necesitan comunicar, alcanzaremos un nivel cada vez mayor de serenidad.

La asertividad: una competencia esencial

Identificar y conocer las emociones es un paso muy importante para desarrollar nuestra inteligencia emocional y aumentar cada día nuestro bienestar psicofísico. Sin embargo, es realmente importante dar el siguiente paso y es *saber comunicar* esas emociones y sensaciones, así como pensamientos y opiniones con el mundo exterior, de una manera correcta, coherente y clara. Ese es precisamente el poder de la asertividad. Del latín "ad *serere*",es decir, "afirmarse uno *mismo*", la asertividad es una característica indispensable de la comunicación, pero también de la salubridad de las relaciones humanas.

Imaginemos que estamos viviendo un momento particularmente complejo como una pérdida, un duelo, una decepción amorosa o un momento de fuerte estrés profesional. Encerrarnos en el silencio, aislarnos y entrar en un bucle de negatividad y sufrimiento, frustración o ira, no nos ayudará de ninguna manera a salir de ese estado mental. Por lo contrario, comunicarse con sus seres queridos para compartir nuestro sentimiento es una manera absolutamente apropiada de procesar lo que sentimos, metabolizarlo y superarlo. Si lo hacemos nosotros mismos, con nuestra capacidad asertiva nos sorprenderemos al ver cuán profundamente podemos entender quién está a nuestro alrededor. Vamos a tratar de imaginar vivir una semana de trabajo intenso, estresante y a veces frustrante. Aislarnos y negarnos a comunicar, o hacerlo de la manera equivocada, nuestras emociones no harán más que conducirnos a desarrollar de forma peyorativa nuestro estado de ánimo. Como una olla de presión sin válvula de liberación corremos el riesgo de

42

explotar, o peor, de sufrir estrés emocional severo. Por esta razón, la asertividad, debidamente entrenada, es una competencia emocional capaz de cambiar nuestras vidas y hacer florecer nuestras relaciones humanas.

Desactivar los patrones emocionales: identificar y deconstruir los desencadenantes

Cada uno de nosotros trae consigo una gran cantidad de experiencias, más o menos relevantes para nuestra memoria, que se han caracterizado por una respuesta emocional precisa. La correspondencia entre la experiencia y la emoción que resultó de ella, a lo largo del tiempo, constituye en cada uno de nosotros un patrón que de forma completamente natural y espontánea, casi fisiológica, repetimos. Este mecanismo, muy querido por la psicología humana, sigue la necesidad de catalogar experiencias, asociándolas con una reacción que podemos identificar como "instintiva", especialmente si se refuerza con el tiempo por la repetición del modelo de estímulo-respuesta. Estos patrones emocionales instintivos, o "desencadenantes", como se han definido, se vuelven a proponer con el tiempo y nos acompañan a lo largo de nuestra vida, a menudo afectando nuestra racionalidad, precisamente porque hemos perdido una respuesta instintiva que poco tiene que ver con la lógica. Veamos algunos ejemplos para comprender mejor el impacto que tales esquemas tienen en nuestra vida diaria.

Estamos asistiendo a un desafiante curso universitario, para el que hemos estudiado con constancia, desarrollando un proyecto realmente interesante. Durante el examen, el profesor disminuye nuestro trabajo frente a todo el aula: no aprecia la puntualidad de la entrega, considera que el contenido del proyecto no es atractivo y, en última instancia, evalúa mal todo el examen. Nuestra reacción instintiva podría ser responder bruscamente tanto como nos hemos comprometido, enfatizar los puntos de enfoque más importantes del ensayo, discutir una y otra vez en un tono molesto y poco cooperativo. ¿El resultado? Pronto se dice que el profesor no cambiará su voto, excepto en términos peyorativos.

Echemos un paso atrás a todas las veces que hemos sido criticados por nuestros padres, cuando a pesar de que estamos tan ocupados tomando un examen en la escuela, nos están preguntando las calificaciones de nuestros compañeros de clase. En lugar de alabanzas por nuestro compromiso, se mostraban desinteresados en nuestro trabajo, disminuyendo así nuestros esfuerzos. Está claro que esta experiencia nos ha marcado hasta el punto de inculcarnos una reacción instintiva de decepción, frustración y enojo, que no podemos dejar de expresar. Al igual que la olla a presión de arriba, en pocos segundos dentro de nosotros se reactivan esas mismas emociones, tomando el control y nublando nuestra capacidad de controlarnos. La explosión es inminente: reaccionamos con ira, molestia, decepción y frustración, volviendo a ese patrón una vez más.

La repetición de este desencadenante no nos llevará a tener éxito ni mejorar nuestro estado de ánimo. ¿Cómo podemos ser capaces de desactivar un esquema emocional, tan prepotente y automático? Para empezar, es importante reconocer su valor: siempre recordamos que todo lo que viene dado por nuestros instintos por definición carece de lógica, racionalidad y reflexión. ¿Y cómo pueden las reacciones instintivas chocar con nuestros objetivos?

Respiremos hondo y tratemos de tomarnos unos momentos para llevar nuestros pensamientos a otro lugar, centrándonos en otra cosa. Un sonido, un color, un objeto del entorno circundante. A continuación analizamos esa sensación tan intrusiva y la descomponemos por lo que es: un desencadenante que hay que desactivar, compuesto por estímulo-respuesta.

No agobiemos al profesor, por muy superficial y grosero que sea, con nuestros patrones emocionales. Su percepción de nosotros no cambiará -si no es para peor- por lo que podemos cambiar la percepción que tenemos de nosotros mismos activando una serie de emociones y comportamientos positivos más rentables para lograr nuestros objetivos. Podemos pensar en identificar lo que el profesor encuentra poco atractivo y reemplazarlo, en el próximo examen, con algo que pueda entusiasmarlo, hacer que nuestro trabajo sea digno de su atención, o podemos aceptar su punto de vista, y continuar con nuestro trabajo, sin atribuirle el papel de evaluar nuestro esfuerzo.

Otro aspecto muy importante de este proceso es no ceder al victimismo o peor a la descarga de la responsabilidad: resolver un sentimiento de ira y frustración originado por un "gatillo" culpando a otra persona por esa circunstancia desagradable no nos ayudará a mejorar, y mucho menos a crecer en términos de inteligencia emocional.

47

Asumir la responsabilidad de su propio trabajo y de sus acciones es una brecha que no debe pasarse por alto, incluso cuando se desactiva un esquema emocional. Engañarse a sí mismo atribuyendo a los demás la tarea de justificar nuestro trabajo es un paso en falso, que con el tiempo nos acostumbra a nunca enfrentarnos a nosotros mismos, nuestros límites y nuestro potencial real.

¡Somos nosotros y sólo nosotros los que podemos evaluar nuestro trabajo honestamente! Dejarse impregnar de emociones positivas, desactivando los desencadenantes emocionales y evaluando honestamente nuestros errores y éxitos, nos permitirá hacer florecer nuestra relación con las personas que nos rodean y con las circunstancias de la vida con las que nos enfrentamos.

Nuestro cuerpo cuenta nuestras emociones

Escuchar nuestro cuerpo es un paso fundamental para conocernos más profundamente y tomar conciencia de nuestras emociones de una manera realmente precisa. Las emociones, como ya se ha mencionado, tienen un fuerte impacto en nuestro cuerpo, porque ellas mismas son un vehículo comunicativo hacia afuera: mientras permanecen en silencio las personas que nos rodean pueden ver nuestro estado emocional a través de la postura, el ritmo de nuestra respiración, nuestras expresiones y así sucesivamente. Cuando estamos muy preocupados o ansiosos tendemos a cerrarnos emocionalmente, pero también físicamente, incluso nuestra fisiología se ve afectada: manos temblorosas, aumento del ritmo respiratorio y cardíaco, posición de cierre, vivacidad de los movimientos son todos signos de un estado emocional ansioso. La vergüenza también es claramente visible, a través del enrojecimiento de la cara, la bajada de la cabeza, el cierre de los hombros y el entrelazamiento de las manos. Así también alegría o miedo, con su mímica facial específica y reconocible, y la ira, con la dilatación de las pupilas y el aumento del tono de voz.

Cada emoción se cuenta por sí misma a través del cuerpo, lo queramos o no: increíblemente incluso aquellos que creen que pueden hacerse impermeables al ojo externo realmente narran con postura y lenguaje paraverbal su estado de ánimo.

Aunque habitado desde el primer momento de la vida, el cuerpo es para muchos todavía una isla desconocida, un lugar misterioso: aprender a escucharlo, explorar sus fronteras y límites, implica tomar conciencia de un valor inestimable para nuestro crecimiento personal, para nuestro camino de aprendizaje de la inteligencia emocional y para la mejora de nuestras vidas. Escuchando cada señal de nuestro cuerpo, también aprenderemos a resumir el control de nuestras sensaciones: como es cierto que nuestro cuerpo cuenta y al mismo tiempo sufre nuestras emociones, también es cierto que podemos recuperar el control sobre ellas a través de nuestro cuerpo. ¿Cómo? ¡Simple fisiología!

Cuando estamos en un estado ansioso, nuestros latidos del corazón se aceleran, nuestra respiración se acorta, nos quedamos sin oxígeno más fácilmente y lentamente dejamos a la emocionalidad el control de nuestras acciones, desafiando la racionalidad. Si nos dejan libres para proceder, la ansiedad puede galopar fácilmente y arrastrarnos a un estado de pánico del que saldremos exhaustos y frustrados. Recuperamos el control de la respiración para empezar, ralentizando su ritmo: respiramos largo y profundo, reteniendo oxígeno dentro de los pulmones durante unos segundos. De esta manera activamos un proceso de oxigenación de nuestro organismo, imponemos una desaceleración del latido del corazón, nos centramos en una función vital comprometida. Tratemos de hacerlo en una posición de apertura, extendiendo ligeramente los brazos, levantando la cara. En pocos minutos nos sentiremos impregnados por un sentimiento de alivio: nuestro cuerpo ha revertido el progreso de una emoción, la ansiedad, transformando sus rasgos fisiológicos y trayendo de vuelta lucidez y serenidad.

Cuando estamos particularmente tristes, nuestro cuerpo parece abandonarse a sí mismo, tomando posiciones desaliñadas y resignadas, ralentizando el ritmo respiratorio e incluso cardíaco, encorvando los hombros hasta reducir el tono de voz. Esta actitud física, absurdamente, nos desmotiva aún más, y la reducción de la presión no ayuda, contribuyendo a quitarnos las ganas de afrontar el día. La pérdida de energía y motivación son las consecuencias directas de la tristeza. ¿Alguna vez pensaste que era suficiente convertirte en un superhéroe para sentirte mejor? No estoy loco: está científicamente demostrado que tomar una posición que puede estar asociada con la imagen que cada uno de nosotros tiene de superhéroes aumenta en gran medida el bienestar psicofísico, la autoestima y hasta afecta increíblemente nuestro rendimiento.

Pongámonos de pie, levantemos la barbilla ligeramente, apuntando la mirada a lo lejos y con orgullo, extendamos los brazos y coloquemos nuestras manos para apretar nuestras caderas, saquemos el pecho con un buen aliento profundo y soltemos. Mantengamos esta posición durante unos minutos.

Somos superhéroes, cada uno a su manera.

Remodelar el pensamiento desprendiéndote de tus emociones

Puede parecer un sinsentido, ya que hasta ahora hemos hablado precisamente de profundizar tu conocimiento y escuchar cada señal -ya sea física o conductual-, pero parte del desarrollo de la inteligencia emocional deriva precisamente de la capacidad de tomar cierta distancia de las emociones, especialmente si son particularmente intensas e incapacitantes de nuestra racionalidad.

En situaciones extremas, es fácil dejarse llevar violentamente por la emoción: pensemos en un accidente de tráfico. Sorpresa, miedo, ansiedad, pánico y luego ira y frustración: una mezcla de emociones que es imposible de no sentir, y que de alguna manera también es incorrecta suprimir por completo. Recordemos siempre que cada una de ellas surge de un estímulo externo y tiene la tarea precisa de darnos información sobre lo que estamos viviendo, siguiendo un mecanismo que a menudo es parte de nuestra protección. Sin embargo, debemos evitar dejarnos llevar por esta cascada de emociones intensas en un estado de irracionalidad total, y es muy posible con un poco de entrenamiento.

En este proceso de distanciamiento, las herramientas de conocimiento asumidas hasta ahora son fundamentales: conocer las emociones, entender sus orígenes exquisitamente atávicos y las motivaciones, las intenciones y las reacciones físicas específicas, así como conocer el poder que el cuerpo tiene para influir en tales estados emocionales a voluntad, nos servirá para saber con qué estamos tratando. El elemento que falta, sin embargo, es la capacidad observacional y elaborada del estado emocional, desde una posición privilegiada de desprendimiento. Esta habilidad se aprende a través de la disciplina de la meditación: practicada regularmente a lo largo de la vida, la meditación entrena precisamente para llevar a cabo este proceso.

Cómo la meditación enseña el desapego emocional y functional

La práctica meditativa parte de la premisa de la concentración, para llevarnos a dividir la mente en dos posiciones distintas: por un lado la mente que ejerce el pensamiento y que está sujeta a emociones, por otro la mente que observa y elabora. Entrenar esta visión bilateral del procesamiento emocional, nos da la oportunidad de acostumbrarnos a "observar" las circunstancias y nuestras emociones con un distanciamiento útil para procesarlas y medirlas de una manera correcta y más rentable para nosotros, evitando que la irracionalidad tome el control de nuestra persona y, en última instancia, de nuestra vida.

Partiendo de una condición de desapego, para garantizar una mayor calma y el ejercicio de la racionalidad, podemos desarrollar un proceso de observación separada de lo que estamos sintiendo, incluso de analizarlo y metabolizarlo, y definir nuestra reacción - primero instintiva e irracional - en una dirección plenamente consciente.

Gracias a este trabajo de entrenamiento, somos capaces de aprender una nueva e importante capacidad: la de tomar el control de nuestras decisiones y elecciones, orientándolas hacia lo que más nos conviene y de acuerdo con nuestras necesidades, derrotando la irracionalidad y el instinto.

¡El primer paso hacia la inteligencia emocional ya está dado!

En este capítulo hemos visto juntos todos los aspectos de la emotividad. Primero analizando sus orígenes universales atávicos, esencialmente conectados con el instinto de supervivencia natural que une a todo ser humano, y luego definiendo individualmente algunas de las emociones primarias y secundarias (o complejas) más comunes. Conocer todos los matices de nuestra emotividad es propedéutico para la activación de una mejora real en nuestras vidas. El bienestar resultante del abandono de la represión emocional, o confusión debido a la sobrecarga emocional, será una cura para todos los momentos que afrontemos de aquí en adelante.

Hemos sido capaces de eviscerar las ventajas y la importancia de saber comunicar nuestras emociones a los demás de una manera correcta y clara, gracias a la adquisición en nuestro bagaje de asertividad. Esta competencia no sólo nos permite elaborar nuestros pensamientos y estado emocional en voz alta, sino también y sobre todo enriquecer los lazos, florecer relaciones y mejorar nuestro bienestar. La complicidad que puede resultar de un momento de intercambio de este tipo no tiene precio para una relación, ya sea amor o amistad, o incluso un vínculo familiar. La asertividad entrena nuestra conciencia de nuestras emociones, mejora nuestras relaciones humanas, mejora nuestras habilidades de comunicación. Los únicos imperativos de este proceso son la coherencia, la honestidad y la claridad, sobre todo porque de lo contrario no se trataría de asertividad.

Profundizando aún más en el estudio de las emociones, hemos definido un modo de identificación y deconstrucción de los llamados "desencadenantes": patrones emocionales instintivos, a veces muy dañinos para nuestras vidas, especialmente si están relacionados con objetivos precisos. También hemos visto cómo destruir estos esquemas, es decir, reconociendo su origen, por un lado, analizando por otro las razones de la reacción instintiva que tendríamos, incluso para evaluar, sobre la base de nuestras necesidades y objetivos, la mejor y más apropiada reacción al contexto en el que nos encontramos. En última instancia, hemos visto que reconocer un patrón emocional (relacionado con un recuerdo de la infancia, por ejemplo) no nos exime de la responsabilidad de evaluar honestamente nuestros actos, sin atribuir siempre y sólo la culpa al exterior, sino más bien identificando en nosotros y sólo en nosotros a los autores y escritores de nuestro comportamiento en el presente.

Por último, aprendiendo las nociones básicas de la práctica meditativa definimos cómo y por qué es esencial actuar con un ligero desapego de las emociones, y cuáles son los beneficios de entrenar esta competencia y ejercerla en cada momento de nuestra vida diaria.

Hasta ahora, por lo tanto, el foco éramos nosotros: reconocernos, comunicarnos, analizarnos, desconstruirnos son procesos que hemos aprendido y que hemos elegido aplicar a nuestra persona para cultivar nuestra inteligencia emocional y dejar de estar bajo control de nuestra emotividad. En pocas palabras para tomar el control de nuestra vida, tomando plena y conscientemente las riendas, con el fin de perseguir objetivos finalmente alcanzables, dejando atrás la irracionalidad y los viejos patrones.

El siguiente paso, después de haber aprendido este bagaje, es reconocer el aparato emocional de los demás: los sentimientos de los demás, las emociones de los demás y las reacciones de los demás.

Descubre y cultiva tu habilidad empática

El ingrediente secreto del éxito en las relaciones humanas

El término *empatía* proviene del griego "εμπεεεια" (empátheia), que consiste en *"en"* y *"pathos"*, y literalmente significa "sentir dentro". Sentir dentro de ti las emociones de los demás como si fueran tuyas, entendiendolas plenamente y ser capaz de sentir un profundo sentimiento de empatía es exactamente la definición de la competencia emocional y comunicativa que vamos a explorar.

Ser capaz de percibir y entender, incluso identificar, las emociones de los demás es una capacidad innata en el ser humano, que en el transcurso de la vida sufre cada vez más la presión de la orientación individualista de nuestra cultura. La capacidad empática se basa, de hecho, en la voluntad de observar una serie de señales: tono de voz, expresividad, postura, gesticulación, etc. Estas señales son comparables, en términos interpretativos, a la "traducción" de un lenguaje real. Sin embargo, no siempre estamos dispuestos a hacerlo, en la edad adulta, mientras que se ha observado, como veremos más adelante, que esta capacidad está profundamente arraigada en nosotros. En la década de 1970, el psicólogo Robert Rosenthal desarrolló una prueba que podía verificar y medir la empatía de una persona, el PONS (Perfil de Sensibilidad No Verbal). Esta prueba se basó en exponer el sujeto a la visión de algunos vídeos, en los que el protagonista era filmado mientras expresaba una serie de emociones. La peculiaridad de esta prueba consistía precisamente en impedir la visualización completa de señales verbales o paraverbales útiles para la comprensión inmediata de la circunstancia. En un video faltaba el audio, en otro faltaba una visión clara de la postura asumida, en otro la cara, y así sucesivamente, en cada secuencia. Esta estrategia obligaba al sujeto, que se había sometido a la prueba, a analizar con mayor precisión las únicas señales que tenía disponibles.

A finales de la década de 1980, el psicólogo y profesor de Harvard Daniel Goleman, ya mencionado en este texto, publicó para el New York Times parte de un estudio sobre los orígenes de la empatía, sus raíces en el desarrollo cognitivo y su base neurológica. Observó que en los retenes de los hospitales, los recién nacidos reaccionaban inmediatamente al llanto de otro niño, permitiéndose instintivamente llorar desesperados. Señaló que los niños también mostraban con frecuencia comportamientos típicamente empáticos: en el patio de recreo, por ejemplo, si veían a un compañero caerse y pelar una rodilla, corrían para tranquilizarlo y consolarlo como si también se hubieran caído. Estas evaluaciones son preparatorias para la comprensión de los orígenes innatos de la empatía, como medio de supervivencia dentro del grupo: entender de hecho las emociones y sentimientos de las personas que nos rodean es fundamental para:

- protegernos en caso de necesidad;
- desarrollar relaciones más duraderas y estables;
- garantizarnos el control de lo que está pasando a nuestro alrededor.

La capacidad empática parece estar empeorando a medida que el individuo crece, que en la edad avanzada muestra cada vez menos empatía hacia los miembros de sus grupos sociales. Estadísticamente, se ha encontrado que son las mujeres las que muestran más fácilmente empatía hacia las personas que las rodean, probablemente porque con más frecuencia se ven obligadas a entrenar esta habilidad cuando entran en contacto con la paternidad, por ejemplo.

Hemos encabezado este capítulo con la oportunidad del ejercicio de la empatía para mejorar significativamente nuestras relaciones sociales. Después de estas premisas necesarias, está muy claro por qué podemos decir que se trata de un verdadero as bajo la manga en las relaciones de todo tipo.

Imaginemos un escenario típico: Sara y María, amigas desde la infancia, empiezan a la edad adulta experimentando las primeras relaciones de tipo amoroso. Una se siente desatendida por la otra, que siempre sale con su nuevo novio Matteo, así sigue intentando invitarla a salir para pasar tiempo juntas como solían hacer antes, con muy pocos resultados. María, de hecho, que está comprometida con Matteo, ha perdido la cabeza por este chico divertido y atlético, y realmente no se da cuenta de que Sara se siente apartada repentinamente de su vida y su amistad, por lo que rechaza una invitación tras otra para pasar más tiempo con Matteo. No le importan en absoluto las consecuencias de este rechazo, porque está atrapada en su nueva relación y porque es incapaz de captar las señales de su vieja amiga, asumiendo que Sara entenderá su ausencia y, de hecho, estará feliz por ella.

La conclusión lógica de esta situación será un distanciamiento de las dos amigas de la infancia, que tal vez nunca se resuelva. Por un lado, debido a la falta de empatía de María, que ofuscada por su enamoramiento, no capta las señales de Sara, por otro lado por la falta de asertividad de esta para comunicar claramente sus sentimientos.

¿Cuántas relaciones terminan por falta de empatía el uno hacia el otro? ¿Cuántas relaciones felices se agotan debido a la falta de empatía entre parejas? Desafortunadamente, damos por sentado que todos nuestros conocidos, amigos y familiares están dotados de asertividad - ¡deberían leer este libro! - pero no es así. No todo el mundo tiene la capacidad de verbalizar sus emociones de una manera oportuna y clara, por esta razón ser capaces de captarlas, dotándose de una mayor empatía, puede ser literalmente la solución ganadora de nuestra felicidad relacional, el salvavidas de nuestras amistades, el faro de todos los malentendidos.

Qué podemos hacer para mejorar nuestra capacidad empática

Cultivar y desarrollar, aumentando la eficacia, nuestra empatía puede significar, en contextos acalorados como una discusión o un desacuerdo, el evitar que las emociones nos nublen.

Si estamos involucrados en una pelea está claro que la ira, con su carga explosiva, casi con toda seguridad nos impedirá centrarnos en las señales emocionales de la otra persona, empatizar con ellas y poner fin a la discusión. ¡Como siempre es más fácil decirlo que hacerlo! Pero volvamos a lo que hemos aprendido hasta ahora en relación con la inteligencia emocional: reconocemos y luego aprendemos a manejar nuestras emociones, orientándonos a una reacción que se ajusta a nuestro objetivo.

¿Queremos aclarar la disputa y hacer las paces? No hay otra manera que esforzarse por entender al interlocutor, sus razones y sus emociones. Pero si somos los primeros cegados por la ira, tendríamos la misma oportunidad de escuchar una canción sin oír: como diría Goleman, las personas que carecen empatía desde un punto de vista emocional están "sordas".

Entonces, ¿cómo desactivar este repentino déficit emocional? Para empezar, activando una técnica de liberación de nuestra ira, que en este contexto nos impide objetivamente actuar con lucidez una identificación empática, muy importante para resolver la disputa en curso, colocándose como velo entre nosotros y el interlocutor.

Tomemos unos minutos para concentrarnos en la emoción que estamos sintiendo, la ira, visualizar su forma y movimiento, como si estuviera dotada de materia, con su propia textura, color y tamaño. Una vez visualizada llevemosla fuera de nosotros.

Reflexionemos sobre la velocidad con la que se mueve girando sobre sí misma.

Ahora pensemos en un color que encontramos relajante, tranquilizador, acogedor y lo usamos para colorear ese flujo de emoción, luego lo ralentizamos y finalmente revertimos su movimiento. Ahora tenemos ante nosotros un fluido transformado, fluyendo lentamente y brillando con un color que nos da serenidad y calma. Concentrémonos de nuevo en la sensación de descanso de este flujo, y luego volvamos a observar a nuestro interlocutor. Miramos cuidadosamente su lenguaje corporal, la forma en que habla, su postura, la mímica de su rostro. Tratamos de capturar las señales que cuentan sus emociones, lo que realmente lo impulsa a discutir con nosotros. ¿Una decepción? ¿Una carencia? ¿Qué podemos hacer para tranquilizarlo? Ejercemos de esta manera la empatía. Todo nuestro flujo emocional nos está llevando a entender el del interlocutor, sin obstruir el intercambio de información esencial para la resolución de esta discusión. Si aplicáramos este método a todas nuestras conversaciones, podríamos tener muchas menos discusiones innecesarias y dañinas, y muchas más conversaciones honestas y fructíferas. La calidad de nuestras relaciones, una vez que hayamos entrenado adecuadamente la empatía, será mucho mayor y nosotros también estaremos más satisfechos y serenos.

¿Qué ruido hace la felicidad? ¡Seguro que ese ruido se parece un poco a la empatía!

La empatía y el liderazgo: una historia de amor

Hemos observado lo beneficioso que es el uso de la empatía en las relaciones interpersonales, especialmente si es de naturaleza amorosa, amistosa o familiar.

¿Se te ocurre algo más positivo que estar rodeado de afectos con los que finalmente tienes relaciones estables, ricas en positividad y complicidad? Este tipo de tendencia realmente puede mejorar nuestra vida diaria. Entonces, ¿por qué no ejercer el mismo tipo de modelo en el ámbito profesional también? Cualquiera que sea nuestro papel en la empresa para la que trabajamos, aplicando nuestras habilidades empáticas adquiridas, nuestras relaciones con los colegas se dispararán en dirección de una nueva colaboración! ¡Un soplo de aire fresco sin duda! Tratemos de imaginar cuánto mejorarían nuestras relaciones de colaboración si sólo conectáramos con las emociones de nuestros colegas: su frustración, su cansancio, su desmotivación. Crearíamos un rincón de serenidad para ellos si cada vez que interactuamos sintieran que finalmente pueden ser un poco comprendidos.

¿Con qué frecuencia oímos de nuestro jefe que el trabajo que hicimos podía ser entregado mucho antes, que podíamos hacerlo mejor? ¿Con qué frecuencia sucedió que lo menospreció? Ciertamente también le ha sucedido a nuestros colaboradores, y ejercer nuestra empatía nos hará conectar mucho más profundamente con el

72

sentimiento y las necesidades de los demás, lo que nos permitirá actuar incluso como motivadores.

Dentro de un equipo, mostrar que somos capaces de entender las necesidades y las emociones, el estado de ánimo y las dificultades nos ofrece una serie de oportunidades realmente ventajosas: en primer lugar mejorará nuestras relaciones con los demás - ¿quién querría un colega de trabajo que sea indiferente e impermeable a cómo nos sentimos? -, pero no sólo eso: nos distinguirá como una persona capaz de entender y motivar, para estimular y ponerse al mismo nivel que los demás para actuar en equipo! Como verdaderos y exitosos líderes. ¿Y qué tiene que ver la empatía con el liderazgo? Cuando señalé la insatisfacción de tu jefe con tu trabajo, usé el término "jefe" por una buena razón.

Según la famosa cita de William A. Ward "El liderazgo se basa en la inspiración, no en la capacidad de dominar a los demás; sobre la colaboración, no la intimidación". Y de nuevo Teddy Roosevelt dijo "el líder lidera, el jefe dirige".

Un jefe se queja de errores, lleva a cabo represalias contra sus "empleados", pero un verdadero líder realiza un trabajo de colaboración e inspiración con empatía y respeto. Convertirnos en líderes no nos asegurará de inmediato una mejor posición en la empresa para la que trabajamos, pero sin duda nos convertirá en punta de lanza en nuestro sector, porque somos capaces de hacer trabajo en equipo, motivar a nuestros colegas enojados y frustrados, porque somos capaces de hacer un mejor trabajo junto con los colaboradores y dar un plus a nuestro trabajo.

Este aspecto fue fundamental en el estudio de Goleman, que convirtió la inteligencia emocional en un instrumento con un poder transformador increíble en términos de éxito personal, pero sobre todo profesional.

Descubramos nuevos puntos de vista

¿Cuántas veces como adolescentes no nos hemos sentido comprendidos por nuestros padres, cuántas veces hemos escuchado nuestras mayores pasiones llamadas "aficiones" o "pasatiempos"? Este tipo de fricción nos hizo sentir no comprendidos y menospreciados hasta nuestra edad adulta llegando al punto de algunas veces activar verdaderos patrones emocionales "gatillo", así que cada vez que nos sentíamos menospreciados, sentíamos una frustración enorme y una ira que nos llevaba a responder que esa actividad era en realidad nuestro mayor sueño. Y si años después descubrimos que no fue así, todavía sentimos cierto cariño por aquella pelota, o por ese disco cuyas notas intentábamos rasgar en la guitarra. Superada la adolescencia ya no teníamos interés en ser futbolistas o músicos de éxito, porque mientras estudiábamos descubrimos el amor por otras cosas, pero este sentimiento nunca nos abandonó: no nos sentíamos comprendidos.

Esta brecha de comunicación es principalmente de naturaleza empática. No tiene nada que ver con las generaciones ni con la edad que teníamos.

Tener la extraordinaria capacidad de cambiar de perspectiva y cuestionar el propio punto de vista, ser capaz de mirar las circunstancias a través de los ojos de quienes nos hablan es un verdadero superpoder, especialmente en nuestra época. Entrenemos todos los días para no juzgar inmediatamente sólo con nuestro punto de vista lo que se nos presenta delante durante el día, sino escuchemos a los demás de una manera realmente activa: pongámonos en la piel de las personas que amamos para entender la forma en que viven las experiencias que nos cuentan, para comprender la forma en que sueñan o sienten.

Si nuestra novia nos habla con entusiasmo de su discusión con su mejor amiga, no la descartemos con un banal "seguro que volvéis a ser amigas", volviendo a mirar la televisión. En ese momento su punto de vista no es para nada este: probablemente se siente frustrada y arrepentida por lo que está pasando en su amistad más importante. Cambiemos de perspectiva y miremos lo que nos cuenta a través de sus propios ojos, ejerzamos nuestra empatía y leamos lo que nos cuenta a la vez que contorneamos lo que siente. Sólo entonces formulamos un pensamiento que no es el producto de nuestro propio punto de vista, externo y desinteresado, sino que se ajusta a su visión.

Si nuestro hijo declara que quiere ser un actor rico y famoso cuando sea mayor, no trivialicemos esa declaración diciéndole que es mucho más probable o fácil que haga otro trabajo de adulto. Y no sólo porque los sueños de un niño tengan valor, sino porque desde su punto de vista todo es posible. Cuando sea adulto

77

descubrirá por sí mismo si tiene o no el talento necesario para la actuación, no tiene necesidad de ver truncado su entusiasmo por compartir sus sueños con nosotros. Es un gran privilegio contar con su confianza, cultivémosla intentando asumir su punto de vista. Más bien, animémosle a trabajar duro si realmente quiere alcanzar esa meta. Cambiemos de perspectiva, de adulto, si se ha convertido en un actor de éxito o no, estará agradecido.

¡Seamos los arqueólogos de nuestra empatía!

Está claro que no será suficiente para nosotros leer este capítulo para desarrollar empatía: si cuando nos encontramos frente a una persona de la que realmente nos gustaría comprender su estado emocional para entender mejor lo que él quiere decirnos y simplemente no tenemos éxito, ¡debemos intensificar nuestra formación! La empatía, por innata que sea, no es más que una disciplina para practicar. Como hemos visto, de hecho, crecer y vivir en una cultura que nos empuja a reflejar nuestra atención sobre nosotros mismos y sobre nuestro futuro, sobre nuestra condición económica, sobre nuestro estatus y sobre nuestra imagen, en consecuencia nos distancia mucho del entrenamiento de la empatía. Con el tiempo transformando algo de innato y espontáneo en una habilidad a readquirir. ¿Pero cómo?

No es fácil, pero es algo absolutamente inherente a cada uno de nosotros, ¡sólo tenemos que redescubrirlo!

Como "animal social", el ser humano está naturalmente inclinado a garantizar una mejor condición de vida dentro de su grupo, y para tener éxito en esta empresa, se necesita inteligencia emocional, como hemos visto, y la empatía está incluída. Saber comprender el estado de ánimo de quienes nos rodean es parte de nuestra garantía de seguridad, de supervivencia y, en la actualidad es garantía de una mejor conducta ante la vida y de mejores relaciones sociales. La empatía está presente en cada uno de nosotros, sólo tenemos que encontrar, como si fuéramos pequeños arqueólogos, el pincel adecuado para eliminar la arena y devolverla a la luz.

Nuestra esposa quiere hablar con nosotros, y preocupados, nos dirigimos al sofá. Nos sentamos con cautela y tratamos de descifrar en su rostro lo que quiere decirnos. Nada, no podemos encontrar ninguna información, ninguna anticipación de su discurso. No sabemos si quiere darnos buenas o malas noticias, ¡pero nos preparamos para todo por seguridad! - y aunque nos esforzamos, no podemos captar ninguna "señal". Si esta situación nos resulta familiar,no hay duda: ¡debemos entrenar!

Para ello, comencemos con nosotros mismos: aprendamos a escuchar cada vez con más cuidado nuestro cuerpo, las sensaciones que sentimos basadas en estímulos, prestemos audición para escuchar cada pequeño sonido que nos rodea, escuchemos atentamente nuestras emociones, sintamos con todos los sentidos a nuestra disposición lo que nos rodea. Recordemos siempre que conocer a los demás significa tener plena conciencia de uno mismo y de nuestros sentimientos, conociendo al dedillo cada aspecto de nuestra emotividad. Trabajemos en nosotros mismos con constancia y compromiso, con curiosidad y sentido de aceptación. Una vez que hayamos llegado al profundo conocimiento de nosotros mismos, podemos proceder a captar las señales de quienes nos rodean.

¿Cuáles son las señales que debemos aprender a reconocer?

Como se ha anticipado, las emociones se cuentan a sí mismas y lo hacen a través de nuestro cuerpo. Este es el caso de todos. En todo momento nuestro cuerpo y, el de los demás, comunica su estado de ánimo y su estado general de salud. Al menos una vez en la vida nos habremos encontrado con un amigo y le habremos preguntado "hola, ¿cómo estás, todo bien?" Nos habrá pasado también que ante su respuesta afirmativa hayamos sentido que parecía que no estaba bien.

Aunque nuestra necesidad de entrenar en nosotros mismos es incuestionable, aún así captamos, evidentemente sin poder procesarlo, una señal de incomodidad, que desmintió la respuesta de nuestro amigo, "todo bien, gracias". Cultivar y desarrollar la empatía de uno mismo puede literalmente convertir estas experiencias en momentos de auténtico intercambio: crear un espacio seguro para las personas que amamos, compartir nuestros pensamientos con ellos y permitirles sentirse cómodos compartiendo los suyos, es una verdadera revolución! Capturar las señales de las personas que amamos es un paso clave en el desarrollo de nuestra experiencia empática.

Procedamos con las señales del cuerpo: hemos aprendido que nuestro cuerpo nos cuenta, a través de la postura, los gestos y la forma en que nos movemos dentro del espacio, la mímica facial, la respiración, el tono de la voz. Vamos a verlo juntos uno a uno:

- *La postura, los gestos, el movimiento.*

Nuestro cuerpo responde precisamente a nuestro estado emocional: cuando estamos tristes, abatidos, el cuerpo tiende a desplomarse, a abandonarse. Tendremos brazos a lo largo del cuerpo colgando, la cabeza y los hombros bajos. Tensión muscular ausente tanto en los hombros como en las extremidades, a menudo incluso en el cuello y la cara. Cuando, por el contrario, estamos más felices, tendemos a mantener la cara en alto, a extender nuestros hombros sacando el pecho, tendremos brazos activos que siguen nuestros movimientos y hombros en la posición correcta en comparación con lo que estamos haciendo. El movimiento también cambia: se tenderá a ocupar el espacio, moviéndonos nerviosamente cuando estemos enojados, o ansiosos, mientras expresamos el dominio de la habitación, moviéndonos con calma pero seguridad, cuando estemos serenos, pero seguros. Tocarse la cara, el cabello o la ropa a menudo es un signo de incomodidad y nerviosismo. Colocar las piernas, mientras se está sentado, de una manera ligeramente separada es un signo de fuerza, de autoestima, de control. Mantener los brazos cruzados - claramente dependiendo del contexto - puede significar encierro - especialmente en una discusión o confrontación -, mientras que gesticular con las manos puede significar confianza y seguridad, si se hace con movimientos fluidos y amplios, o nerviosismo, si los músculos se mantienen en contracción y los movimientos son secos y poco amplios.

- *La mímica de la cara*

Nuestra cara consiste en dieciocho grupos musculares responsables de la mímica, y por lo tanto de la expresividad. Desde aquí podemos entender lo compleja que es la interpretación de las señales de la cara de una persona. Cada individuo puede dar vida a cientos de expresiones diferentes y únicas, pero el estudio de este espectacular aparato expresivo nos ha permitido identificar algunas señales precisas y traducirlas de una manera universal. Partimos de los ojos, por muchos definidos como "espejo del alma". Estos son vehículos de muchos mensajes, de hecho ya podemos distinguir alguna información importante a partir del contacto visual. Mirar a los ojos de nuestro interlocutor demuestra interés y atención, sinceridad y firmeza, pero tenga cuidado de no fijar demasiado tiempo, porque en cambio podría señalar amenaza o deshonestidad. Parpadear con mucha frecuencia puede indicar malestar o nerviosismo. La boca recoge otra gran porción de señales. Es bien sabido, por ejemplo, que la sonrisa puede ser más o menos sincera dependiendo de si involucra o no los ojos: cuando nuestro interlocutor sonríe, sin involucrarlos también, de hecho, probablemente está sonriendo de forma fingida. Puede ser un signo de angustia social, una sensación de insuficiencia o incluso simplemente la señal de que está reaccionando de acuerdo a una expectativa y no porque quiera sonreír.

Los labios fruncidos, por otro lado, indican desconfianza abierta, o incluso desaprobación. Por último, recordemos la icónica escena de El diablo viste de Prada en la que se describe la forma en que Miranda Priestly -que también es un mal ejemplo de líder- aprueba o desaprueba la colección de un diseñador: "Si no le gusta, agacha ligeramente la cabeza. Por último, está la curvatura de los labios".

"Y ¿qué significa eso?"" ¡Catástrofe!" La posición misma de los labios puede indicar alegría, si están ligeramente elevados, o tristeza profunda, donde en cambio la boca tiende hacia abajo.

La tensión muscular de la cara es otra señal: si notamos las cejas en tensión hasta el punto de fruncir la frente del interlocutor, probablemente estemos observando desaprobación, enfado, nerviosismo o, más raramente, incomprensión. Si, por el contrario, las cejas se elevan y se unen hacia el centro, formando pequeñas líneas de expresión, estamos observando a un interlocutor triste. La tensión de la mandíbula puede indicar preocupación, dolor, malestar, mientras que la tensión del cuello y los hombros, sin duda, estrés y nerviosismo. Tanto es así que las personas más sometidas a un estrés intenso, se quejan fácilmente de dolores relacionados con los músculos que afectan a los hombros, el cuello, la cervical y la espalda, como con los consiguientes y terribles dolores de cabeza.

La coloración de la cara también es una señal muy importante a tener en cuenta. Desafortunadamente, sin embargo, su fiabilidad varía según el género, la edad y la personalidad del interlocutor. No todo el mundo se ruboriza por vergüenza o pudor, pero si sucede, es una señal extremadamente reconocible. La palidez del rostro, que normalmente indica un gran susto es muy frecuente, y varía según la proveniencia cultural y social. Gradualmente nos acerca a una coloración más universal, porque depende directamente de la oxigenación de la sangre y del ritmo cardíaco y esa es la coloración púrpura, que sigue a un llanto o un fuerte momento de ira.

- *Respiración*

Observar el ritmo respiratorio de nuestro interlocutor puede ser relativamente simple, ya sea acelerado o muy lento, porque tenemos más elementos de evaluación: en primer lugar el movimiento del cuerpo. Ya sea que se trate de una respiración superficial o profunda, es posible observar un movimiento claro y visible del pecho, el abdomen, pero también de los hombros. Si estos elementos nos son interdictos, es posible captar el ritmo de la respiración a través de las pausas entre las palabras, y posiblemente los sonidos respiratorios. Una respiración corta y entrecortada pueden indicar miedo, ansiedad, incomodidad, pero también exitación e implicación con el tema que se está tratando. Una respiración lenta y regular puede significar calma y compostura, serenidad, pero si es demasiado lenta más probable que esté señalando a un interlocutor triste y abatido, tal vez cansado o deprimido, ciertamente desmotivado.

- *El tono de voz*

A diferencia de lo que se podría pensar, no es sólo el volumen de la voz lo que señala un determinado estado emocional. Hay muchos y diferentes factores que contribuyen a la expresión de la emotividad y por lo tanto hay mucho que observar para llevar a cabo una buena interpretación con la cual empatizar. No hace falta decir que la ira fuerte coincidirá con un tono de voz más alto, pero ¿cuántos y qué estados emocionales puede indicar también, en comparación con otros factores, como, el ritmo y la velocidad? Una persona que conversa de una manera acalorada, que habla muy rápido y afanado puede parecer agitada o enojada, pero a veces simplemente está asustada o insegura. Una persona que levanta fácilmente la voz no necesariamente está expresando ira, sino más bien en algunos casos profunda insatisfacción. Una persona que habla lenta y claramente expresa seguridad, profesionalidad y competencia, mientras que una que habla lentamente pero de una manera poco clara, poco puntuada expresará vergüenza, pudor, timidez. También es importante evaluar la mirada, vinculada al tono de voz, volumen y ritmo, para una evaluación más ajustada a la realidad y más completa. No podemos dejar de observar todo esto, incluso si un solo rasgo parece darnos una señal clara.

Un breve resumen: la empatía como herramienta en la vida cotidiana

Hacer que nuestra empatía resurja -que, como hemos visto, es un don innato del ser humano, y que poco a poco se va encubriendo a medida que crecemos- es una obra real que cada uno de nosotros hace sobre nosotros mismos y que requiere tiempo y paciencia, atención y cuidado. En este capítulo, sin embargo, hemos descubierto sus beneficios en todos los niveles: hemos sido capaces de tocar varias circunstancias en las que tener una competencia empática bien desarrollada realmente puede cambiar nuestra vida. Ser sujetos empáticos nos permite superar numerosos obstáculos diarios, tanto en contextos personales, por lo tanto relacionales y familiares, como en campos profesionales y laborales. Esta increíble herramienta nos hará capaces de afrontar cada enfrentamiento con un enfoque diferente, evitando numerosos desacuerdos familiares o relacionales, y destacando aún más nuestras cualidades en el trabajo. Es una habilidad que realmente puede mejorar, un fragmento a la vez, un día a la vez, nuestras experiencias, nuestras relaciones, nuestro enfoque de la vida. No sólo eso: cultivar la empatía puede cambiar la vida de las personas que nos rodean. Pensemos, por ejemplo, en nuestros hijos, nuestros familiares, nuestra esposa, nuestros colegas: ¿cuánto pueden mejorar sus días, teniendo a su lado a una persona que finalmente es capaz de entenderles?

Pensemos por un momento en todas las veces que hemos escuchado de nuestra pareja, novia o esposa lo que nos dijo, o de nuestros hijos que no podíamos entenderlos, que no nos pusimos en sus zapatos. Bueno, gracias al desarrollo de la empatía, realmente podremos hacerlo, y podremos cultivar con cada miembro de nuestra familia una relación de complicidad y confianza como nunca antes. Y no porque antes no los amáramos lo suficiente, sino porque no teníamos la herramienta adecuada para entender sus emociones, y tal vez no escuchábamos correctamente todavía ni siquiera las nuestras. Ser capaz de leer dentro de ti lo suficientemente profundo como para controlar tus emociones, comunicarlas correctamente, pero también entender las de las personas que amamos es una oportunidad imperdible para finalmente tener la vida serena y despreocupada que merecemos y deseamos. La comprensión y la complicidad pueden ser finalmente el estándar de nuestras relaciones, mientras que el liderazgo y el éxito finalmente pueden ser metas alcanzables. Pueden ser duraderos en el tiempo, porque ser capaz de tejer mejores relaciones de trabajo es una cualidad que tiene resultados inmediatos, pero también de enorme calidad y por lo tanto duraderas!

Entender las emociones de quienes están frente a nosotros, así como tener una profunda conciencia de nuestras emociones, no sólo como un don, sino como habilidades para cultivar, entrenar y desarrollar cada día.

Ve a la descubierta de tu verdadero yo

La tecnología, y especialmente las redes sociales, han inducido una reflexión realmente importante y muy compleja en torno a los dos niveles diferentes de la realidad que hoy a menudo se superponen, y a veces se reemplazan totalmente, sobre la representación del yo y las implicaciones sociales y psicológicas de este nuevo enfoque de comunicación.

Durante mucho tiempo hemos tratado de entender las consecuencias de la percepción masiva de la realidad, tanto para los usuarios que la comparten como para los usuarios que la utilizan como espectadores.

Los dos planes a los que me refiero claramente son la realidad cotidiana que vivimos cada día, compuesta por rituales diarios que no son en absoluto especiales, y mucho menos sensacionales, y la realidad cotidiana que contamos en la web. En línea sólo compartimos algunos de los aspectos de nuestras vidas, un poco para proteger nuestra privacidad, un poco porque algunos momentos serían de poco interés.

Difícilmente mostraremos actividades como lavar la ropa, oler la camisa usada el día anterior para comprobar si es apropiado lavarla o no, limpiar la caja de arena del gato y tirar la basura, cambiar sábanas, trabajar, elegir la mejor marca de bastoncillos de algodón y así sucesivamente. Más a menudo, en cambio, mostraremos nuestro aperitivo con amigos, los progresos realizados en el gimnasio, el pastel que logramos preparar. Esto no implica que lo que mostramos en línea sea falso, o que la realidad diaria hecha de lavadoras y botes de basura sea menos importante. Somos la misma persona que se ríe del aperitivo y cuida su hogar, simplemente elegimos lo que suponemos que sería más interesante de ver.

Esta dualidad, absolutamente única en la historia de la humanidad, sin embargo, trae consigo muchas otras reflexiones, sobre, por ejemplo, el nivel de honestidad de un cierto tipo de imagen, o cómo la búsqueda del esteticismo es potencialmente destructiva. Claramente no estamos aquí para discutir cuán impactante es el uso de las redes sociales en nuestras vidas, pero usaremos esta reflexión para llevar a cabo un análisis aún más específico en torno a nuestra persona.

En primer lugar, el uso de la tecnología para la auto-narración ha demostrado cómo rara vez somos capaces de decirnos quiénes somos realmente, y esto puede tener docenas de razones diferentes. Una de ellas es que a menudo sentimos que hemos sido arrastrados por las circunstancias, en una vida que no sabemos todavía si reconocemos como nuestra o no. Ciertamente es diferente de la que soñamos cuando éramos adolescentes, pero esto no es necesariamente malo: crecemos y evolucionamos y cada día tenemos la oportunidad y el derecho a cambiar y desear algo más. El punto, sin embargo, es que no nos preguntamos lo suficiente '¿qué quiero?', '¿qué necesito realmente?'.

Nuestra vida consiste en elecciones, en todo momento nos enfrentamos a la necesidad de decidir, y a menudo estamos abrumados por la vida cotidiana hasta el punto de parar en el espejo y darnos cuenta de que hemos continuado en un camino cuesta abajo durante años. Es muy común y no debe asustarnos, ni angustiarnos. Hemos crecido en una cultura de rendimiento, donde no es importante lo que queremos hacer, sino que lo hagamos y que seamos capaces de hacerlo mejor que nadie, a cualquier precio. Nos convertimos en adultos en una cultura que no nos preguntaba qué queríamos hacer cuando creciéramos o que sentíamos, sino que nos mostraban que ciertas decisiones eran preferibles y admirables, en lugar de otras. Y esto se basa en parámetros que tienen poco o nada que ver con lo que somos y lo que sentimos.

En un mundo que nos permite hacer cualquier cosa, literalmente, gracias a la tecnología y el progreso, es la insatisfacción lo que une a la gran mayoría de la población humana, en cada latitud.

Muchas personas pasan sus vidas tratando de no vivir: apagando sus mentes todos los días frente a la televisión, ofuscandose con alcohol y drogas, pero también renunciando a cada momento de espontaneidad pasando cada segundo haciendo un trabajo que no les gusta.

Sería suficiente, como dijo Sócrates, *conocerse a sí mismo,* haciendo una pequeña revolución todos los días. Dedicar cada día ese segundo extra que es suficiente para preguntarse "¿Realmente quiero tomar esta decisión? ¿Qué es lo que quiero? ¿Qué necesito?"

Conocerse a sí mismo es en última instancia la mayor revolución en un mundo que tiende a hacer que la vida de cada uno sea prefabricada, centrada en el rendimiento y la productividad. Puedes tener éxito, puedes ser feliz, finalmente puedes estar satisfecho con tu vida, dándote la oportunidad de sentirte verdaderamente realizado, simplemente preguntándote todos los días "¿Quién soy yo? ¿Qué necesito?"

Imaginemos una vida en la que nuestra insatisfacción es un recuerdo tan lejano que es casi divertido, una vida en la que cada decisión no depende del condicionamiento externo, sino únicamente de lo que deseamos y de lo que necesitamos.

Está claro que siempre nos encontraremos con decisiones casi "obligadas", tomadas como necesarias por nuestras responsabilidades o las urgencias del momento, pero no serán éstas las que condicionarán nuestra vida.

Lo que tenemos que aprender a hacer, entrenando cada día, es conocernos, aprender a sintonizarnos con nosotros mismos y finalmente escucharnos.

Reescribamos nuestra vida, con nueva y renovada serenidad, reconstruyamos y demos nueva vitalidad a nuestras relaciones. Dejemos de perseguir el éxito: escuchemos el éxito que hemos escrito dentro de nosotros mismos, gracias a nuestra singularidad, nuestra competencia y nuestra inteligencia emocional adquirida. ¡De esa manera, la felicidad está realmente a la vuelta de la esquina!

¿Cómo encontrar la brújula? Comencemos desde los orígenes

Poder reconstruir, partiendo finalmente de las preguntas "¿Quién soy?", "¿qué necesito?", "¿en qué creo?", "¿qué quiero?", puede parecer realmente complicado, y tendencialmente lo es - no son preguntas pequeñas en absoluto - pero podemos aprovechar una simplificación: partamos de los orígenes, de las decisiones que han dirigido nuestras vidas de una manera muy específica. Por ejemplo, ¿por qué elegimos un curso de estudio sobre otro y por qué elegimos seguir esa carrera en lugar de hacer un trabajo completamente diferente? O porque elegimos vivir juntos, casarnos, comprar esa casa especifica en la ciudad.

No te preocupes: ¡al principio las respuestas pueden parecer obvias para ti! "Elegí esa universidad porque me dio más oportunidades profesionales, y ese trabajo porque pagaba más", "Me casé porque amo a mi esposa", y así sucesivamente.

La brecha está justo aquí: aprender a dejar a un lado las respuestas automáticas, a las que estamos acostumbrados, y luego llevar a cabo una reflexión mucho más profunda. Elegimos ese curso de estudio porque ofrecía más oportunidades para hacer una carrera y, por lo tanto, potencialmente nos garantizaría un estatus elevado, en términos sociales y financieros. ¿Pero eso era realmente lo que *queríamos?*

Al hacer esta reflexión, ciertamente no pretendemos estimular la nostalgia o el arrepentimiento: más bien, tratamos de identificar lo que es importante para nosotros, por lo tanto nuestros valores. ¿Nos sentimos más seguros teniendo una profesión que nos garantice un cierto bienestar socioeconómico? No hay nada de malo en no haber perseguido el sueño de convertirnos en un cantante famoso, un futbolista o un astronauta, obviamente era más importante para nosotros tener una serie de certezas económicas sólidas y, en consecuencia, un enfoque más tranquilo de nuestra vida familiar, y no confiar en carreras que no siempre logran dar lo que aspiramos.

En este punto nos preguntamos: ¿fue la elección de embarcarnos en esa carrera únicamente de nosotros o sufrió el condicionamiento de nuestros padres, que querían un cierto tipo de futuro para nosotros? Hasta la fecha, ¿seguimos condicionados por esta visión? ¿La seguridad económica es realmente una necesidad nuestra, o una vez más estamos evaluando los valores de otros y no los nuestros?

Compramos esa casa en la ciudad porque en ese momento era una verdadera ganga, está cerca de todos los servicios que necesitamos y como si eso no fuera suficiente también tenemos un garaje y un jardín disponibles! Nuestra decisión, por lo tanto, dependía de una serie de factores atribuibles a la comodidad y la practicidad, pero ¿estamos seguros hasta la fecha de que no podemos seguir nuestro deseo ilimitado de llevar una vida más tranquila en el campo? ¿La vida, tal como la hemos establecido a lo largo de los años, respeta lo que soñamos o es una copia de lo que se esperaba de nosotros?

Hacer esta reflexión puede ser complejo, no es fácil hacer honestamente preguntas que puedan cuestionar la imagen que hemos creado de nosotros mismos o la imagen que creemos haber creado. El secreto de la felicidad, sin embargo, está aquí: reconocernos a nosotros mismos y luego escucharnos lo suficiente como para darnos la felicidad.

Si tomamos estas decisiones con total conciencia y certeza de que era justo lo que queríamos, sólo estaremos encantados de encontrar que, incluso si todo se movía muy rápidamente, estamos exactamente donde queríamos estar y esta brújula sólo nos sirve para recordarnos que tenemos todo lo que queríamos.

De lo contrario, sin embargo no nos desesperemos: tenemos las herramientas para ser felices en todo momento, lo único que tenemos que hacer es lograr lo que queremos, y ahora que finalmente hemos empezado a escucharnos, tenemos ante nosotros el camino que elegimos tomar.

No hay nada de malo en hacer evoluciones y revoluciones en la vida, al contrario, si esto puede darnos más alegría y devolvernos una imagen de nosotros mismos y de nuestra vida que se parezca aún más a nosotros tanto mejor.

Es fisiológico cambiar, transformar, crecer, sólo pensar en la biología y renovación celular que cada siete años completa su ciclo, haciéndonos nuevas criaturas.

Aquí también encontramos la inteligencia emocional, como una herramienta indispensable para llevar a cabo este camino de transformación de la manera más orientada posible a nuestra felicidad, y a la serenidad de nuestras relaciones.

Proyecto por lo tanto soy: nuestro futuro en nuestras manos

Con una ligera variación de la famosa máxima de Sócrates, que nos permitimos hacer, nos enfrentamos a un nuevo capítulo - en este manual, pero también en nuestras vidas.

Ante la mera mención, muchos de nosotros nos sentimos abrumados por la preocupación. Inmediatamente vienen las preguntas, los miedos, las incertidumbres. El futuro en este sentido se percibe como algo de lo que hay que distraerse, y quizás por eso también muchas de nuestras elecciones se han tomado de una manera que no cumplen exactamente con lo que queríamos -especialmente si a largo plazo- sino más bien lo que era necesario en ese momento.

Trabajamos para mejorar nuestro enfoque del concepto del "futuro", desaprendiendo y deconstruyendo la angustiosa respuesta automática, y más bien aprendiendo a mirar al futuro como algo que queremos ser nosotros a escribir.

A veces incluso las decisiones más pequeñas, tomadas por el frenesí de la vida cotidiana, se toman sin pensar demasiado, pero que conducen a grandes cambios. Revirtamos este proceso: en lugar de dejar que nuestro futuro se defina por las decisiones tomadas de esta manera, planifiquemos objetivos, haciendo que nuestras decisiones dependan de ellos.

Los grandes estrategas digitales se preocupan por esta dinámica, así como los expertos en marketing, y no es raro que también hagan este enfoque sobre su vida privada.

Hemos hablado de cuáles son nuestras emociones y de cómo reconocerlas, cómo manejarlas y cómo transformarlas, definimos las ventajas de cultivar una competencia empática bien entrenada para mejorar nuestras relaciones y lo importante que es escucharnos y conocernos. En este punto del viaje, una vez que hemos definido lo que es realmente importante para nosotros, sólo tenemos que planificar lo que queremos lograr.

Distingamos con calma los objetivos a corto plazo y los objetivos a largo plazo, sin olvidar mantener una coherencia general de todos con respecto al objetivo principal de nuestro futuro, a saber, ser más felices, más satisfechos y más serenos.

Establecer metas para la propia vida, ya sean complejas y a largo plazo, o más simples y a corto plazo, no hace más que aumentar exponencialmente nuestra autoestima, la motivación para actuar, activando un proceso que se autoalimenta de satisfacción y bienestar. Cada día tendremos una meta que lograr, que sabemos que nos llevará a lo que queremos alcanzar en nuestro futuro, y cada día tendremos la oportunidad de realizar una parte de ese gran proyecto que es nuestra vida, así como la deseamos.

Sólo algunas sugerencias: siempre recordemos establecer objetivos -especialmente si son diarios- que sean alcanzables en términos de tiempo y recursos. Proponerse a tener éxito en una aventura titánica en un día es ambicioso y motivador, pero las posibilidades de éxito corren el peligro de ser muy escasas, y el fracaso no nos hará sentir tan motivados al día siguiente. Está científicamente demostrado que no lograr los objetivos que nos fijamos, a largo plazo, destruye nuestra autoestima, nos acostumbra a no tener éxito, nos acostumbra -aún más peligroso- a fracasar. No lograr una meta no es grave, pero démonos la oportunidad de estar satisfechos con nosotros mismos todos los días, motivados y felices, estableciendo metas alcanzables para el día. ¡Nuestra autoestima nos lo agradecerá!

Una vez que hemos establecido lo que queremos lograr, ya sea la compra de una nueva vivienda, para la que ahorramos todos los días o para lo cual cada día realizamos unas horas de trabajo extra, o ya sea una segunda carrera, para la cual tenemos que estudiar, prepararnos y así sucesivamente, vamos a tomar el tiempo adecuado para planificar cada paso necesario para lograr el objetivo, y los tiempos relacionados.

La espontaneidad es un don muy importante, y es correcto que se cultive, pero ciertamente no puede dominar nuestra vida diaria. El riesgo es encontrarnos en una vida que no reconocemos, porque nunca nos hemos molestado en establecer un camino para lograr lo que en realidad siempre habíamos querido.

Otra sugerencia es permitirnos cambiar de opinión: aunque hemos pasado unos años esforzándonos por lograr un objetivo fijo, vemos que lo que queremos ha cambiado, o simplemente hemos tenido la oportunidad de saber algo que queremos más y que nos haría más felices. Vamos a permitirnos ser ante todo seres humanos, criaturas curiosas, rodeadas de un mundo en continua evolución y lleno de infinitas ideas y estímulos: ¡cambiar de opinión y cambiar los propios planes, siempre y cuando esto nos haga aún más felices, hace parte del juego!

Niños e inteligencia emocional: educa niños felices

En este punto de la lectura, está claro que las oportunidades para mejorar la vida gracias al crecimiento de la inteligencia emocional son múltiples, pero también queda claro cuánto trabajo hay que hacer sobre uno mismo. ¿Y si hubiéramos sido niños entrenados en inteligencia emocional, hoy seríamos adultos más felices, más satisfechos, más capaces de enfrentar la vida y las circunstancias negativas a las que a veces nos somete?

Los estudios afirman que sí. Los niños con mayor inteligencia emocional son en promedio más tranquilos y felices, manejan las situaciones estresantes mejor que los demás y logran controlar mejor sus emociones. Incluso, logran mejores resultados escolares y se distinguen por una mayor confianza en sí mismos, con una autoestima medianamente más alta y una mejor conciencia de sus habilidades.

Entre las referencias que tenemos hasta la fecha, en comparación con los estudios realizados sobre la relación entre la inteligencia emocional y los niños, encontramos a John Gottman, un psicólogo estadounidense que observó beneficios y oportunidades de este enfoque y luego desarrolló una guía para los padres, para que tuvieran la posibilidad de transformarse en verdaderos entrenadores de sus hijos (de ahí la definición de "padre entrenador").

Un padre entrenador está en primera instancia dotado de inteligencia emocional y empatía, para que realmente pueda ponerse en los zapatos del niño, para que pueda empatizar con sus emociones. Esta no es ciertamente una tarea fácil, porque la participación emocional puede empujar al padre entrenador a comportarse de una manera que no es rentable con respecto a la meta. El padre entrenador, de hecho, no es permisivo a pesar de todo, ni siquiera es incapaz de desempeñar su papel de guía, por el contrario es capaz de evaluar y desalentar el mal comportamiento. Este entrenamiento emocional evitará el riesgo de criar a un niño alexitímico (sujeto caracterizado por alexitimia, es decir, analfabetismo emocional, por lo tanto falta de capacidad para expresar las emociones). ¿Pero cómo afrontar esta tarea?

El padre entrenador debe *in primis* cultivar y desarrollar su propia empatía para ser realmente capaz de conectar con sus propias emociones y las de los demás. En segundo lugar, es necesario proporcionar al niño las herramientas para verbalizar lo que siente, yendo a nombrar y definir cada emoción de la manera más clara, correcta y completa posible. Puede ser frustrante para un niño no ser entendido, pero aún más no ser capaz de expresar lo que siente para dar a los que lo rodean la oportunidad de ser entendido! Un gato que se muerde la cola, si no vamos a realizar una verdadera alfabetización emocional.

¿Qué son la ira, la felicidad, la tristeza, pero también la vergüenza, los celos, cómo actúan en el cuerpo y la mente, qué sentimos cuando nos impregnan, cómo afrontarlos? Para ayudar al niño a manejar este proceso de conocimiento, también recordemos cómo lo abordamos nosotros mismos hace unos capítulos atrás y es invitarlo a escuchar su cuerpo. Su cuerpo cuenta cada emoción de una manera clara y evidente, como el nuestro y tal vez más que el nuestro, ya que el niño aún no ha estado sujeto a las limitaciones del comportamiento social.

Al ayudarle a entender sus emociones, cómo se llaman y lo que implican, podemos ayudarle a entender cómo manejarlas, con el fin de garantizar el mayor bienestar psicofísico posible.

Obviamente este último, la gestión, requiere una actualización continua: no basta con aprender una sola forma de manejar las emociones, ya que cada circunstancia es diferente, y ya que en todo momento el niño crece y desarrolla una nueva parte de su personalidad. Las estrategias de gestión deben actualizarse de vez en cuando, por lo que es importante capacitar al niño para que también realice un trabajo de autoanálisis sobre sí mismo. Veremos más adelante cómo es posible. Mientras tanto, analicemos también la importancia imprescindible de dejar que el niño experimente incluso las emociones más difíciles, las negativas: colocar a un niño bajo una "campana de cristal" emocional, evitando que experimente ira, tristeza, etc., hará que estas emociones sean cada vez menos manejables cuanto más lejos el momento en que las probará por primera vez. Son emociones fundamentales para su equilibrio y bienestar, pero también para su crecimiento. Una vez que él también haya hecho un viaje de descubrimiento de sus emociones, es hora de permitirle descubrir las emociones de quienes lo rodean, a través de la observación y por lo tanto el desarrollo de la empatía.

En este punto, veamos algunos ejemplos prácticos relacionados con este proceso. Cuántas veces hemos tenido conversaciones con nuestro hijo y nós ha dicho que sus amigos ya no querían jugar con él. Nuestra respuesta emocional es importante en este momento, porque instintivamente tenderemos a responder para protegerlo de ese disgusto con un simple "No lo sientas, encontrarás otros amigos con los que jugar". ¿Dónde está el error aquí? Primero, hemos anulado su emoción: decirle que no lo sienta, no le impedirá sentirse rechazado, triste, apartado. Además, invitarlo a encontrar nuevos amigos lo pone en posición de superar el problema sin escuchar sus emociones. ¿Encontrar otros amigos es lo que quiere? Al hacerlo, ¿está escuchando lo que quiere?

¿Cómo reaccionar en cambio desde una perspectiva de optimizar su inteligencia emocional? Para empezar, preguntémosle cómo se siente al no ser bien recibido por sus amigos. "¿Esto te hace sufrir? ¿Cómo te sientes? ¿Estás enojado?"

En segundo lugar, aprendamos a preguntarle cómo prefiere resolver el problema. Una amplia variedad de posibilidades se abren aquí. Las únicas posibilidades que hay que descartar, sin embargo, son las que son perjudiciales para nuestro hijo u otros niños: si su respuesta es que quiere lanzarles juguetes al día siguiente, debemos explicarle que ese gesto no se hace, sino más bien, si quiere comportarse así tal vez sea porque siente rabia. Así que debemos enseñarle a canalizar esa emoción, y desalentarlo, catalogandola como incorrecta. Si, por otro lado, su solución no es perjudicial para él o para los demás, pero no creemos que sea la correcta, dejemos que la experimente: aprendamos a dejar que se equivoque. Aprender de los propios errores, si no han causado ningún daño en particular, forman parte del crecimiento. Los niños tienen una necesidad extrema de aprender, y aprender equivocándose también es parte del juego.

Otra posibilidad, sin embargo, es que él no sepa cómo encontrar una solución a su problema. Bueno, aquí podemos apoyarlo en la búsqueda de una solución, invitándolo a visualizar cómo manejó con éxito una situación similar en el pasado. De este modo podrá encontrar más fácilmente la conexión entre la acciónconsecuencia positiva y podrá calibrarse mejor, visualizando una solución que sea coherente con este mismo modelo y con el éxito pasado.

Otra circunstancia común es el llanto inconsolable debido a un momento de solicitud de atención, aburrimiento, celos, insatisfacción. Nuestra reacción, especialmente si estamos al final de un día muy estresante, podría ser la de la ira, que nos empuja a reaccionar instintivamente incluso con nuestro hijo. Respiremos hondo y razonemos: su expresión de angustia está motivada por algo, aunque fuera la necesidad de tener parte de nuestra atención. En lugar de castigarlo, o reprenderlo porque estamos cansados y no soportamos más los gritos, intentemos empatizar. Le preguntamos cómo se siente, por qué siente esa angustia. Centrándose en la respuesta, el niño casi con toda seguridad se calmará. Ayudemoslo a hacerlo, aceptando su respuesta e invitándolo a decirnos cómo se siente cada vez con más detalle respirando con calma. Dependiendo de la situación, evaluamos si tranquilizarlo porque le falta algo, o si hay que recordarle que la próxima vez debe encontrar una mejor solución para el llanto.

Si por lo contrario nuestro hijo lucha por calmarse, lo invitamos a tomarse un tiempo para sí mismo -sin gritar, y sin castigarlo- para pensar en cómo se siente y para tomar el control de sí mismo. Cuando se haya calmado, lo esperaremos para hablar de ello juntos.

Suena como un método alienígena, y la mayoría de los padres piensan que es absolutamente imposible hacer eso. Bueno, en realidad, la mayoría de los padres tendrían razón si lo relacionaran con un único y aislado intento.

Mostrarnos todos los días a la escucha, disponibles y atentos a sus emociones, y mostrándole que les damos importancia en todo momento, dirigiéndolo y guiándolo sólo cuando sea necesario, aumentará su capacidad de gestionar sus emociones, sintiéndose seguro de tener un guía válido a su lado. Pedirle una vez que vaya a su habitación para calmarse y volver a nosotros para decirnos cómo se siente, mientras que todas las otras veces sólo recibe reprimendas, claramente no funcionará. El entrenamiento emocional es un proceso. Los resultados requieren un tiempo, que es absolutamente subjetivo, y mucha paciencia. Al menos tanto como lo teníamos para nosotros mismos cuando empezamos a entrenar nuestra inteligencia emocional.

Ninguna emoción es incorrecta

Es esencial recordar que ninguna emoción debe ser demonizada, porque ninguna está mal. Cada emoción, como sabemos, tiene su propio origen y función, y su propia razón de existencia y aquellos que las experimentan tienen todo el derecho a explorarlas, dentro de los límites de una experimentación no negativa, ni para sí mismos ni para los demás. Obligar al niño a no llorar, cancelar su emoción es una forma de enseñarle a demonizar y escapar de ese sentimiento incluso de adulto, hasta reprimirla. ¡Reprimir las emociones no aporta ningún beneficio psicofísico, de hecho, si acaso todo lo contrario! Incluso la ira, especialmente a una edad en la que tiende a expresarla explosivamente, puede ser fácilmente desalentada por los padres, a través de métodos punitivos o humillantes: aquí también vamos a inculcar al niño la idea de que esa emoción está mal, y por lo tanto reprimir (¿recuerdas la olla de presión?). Como todas las emociones, incluso aquellas consideradas "negativas", deben ser experimentadas, y manejadas, ciertamente no reprimidas o ignoradas.

Los beneficios relacionales de una familia dedicada a la inteligencia emocional

Ser padres entrenadores, dotados de inteligencia emocional y portadores, por lo tanto, de ejemplo de este punto de vista, nos hace padres cómplices de nuestros hijos. En particular, se ha observado que además de criar niños más felices, el entrenamiento emocional también conduce a:

Crear en primer lugar un vínculo más profundo y estable con el hijo, que muy probablemente permanecerá así incluso cuando crezca. De hecho, nos seguirá viendo como un punto de referencia, una persona capaz de ser modelo, un guía, pero también un padre que le deja el espacio para cometer errores y conocerse.

Desarrollar un vínculo más profundo con las emociones en relación con lo que el niño quiere lograr. Una vez aprendidas, las emociones ya no serán más para él una herramienta para que imponga su voluntad, pero serán más bien las palabras y el diálogo el medio de comunicación de sus necesidades y deficiencias.

Aumentar la capacidad de controlar las emociones en relación con momentos de alto estrés, como trauma, pérdida, fracaso, decepción, etc.

Inteligencia emocional: descubre la clave del liderazgo

Hablando de liderazgo en relación con la inteligencia emocional, no podemos dejar de nombrar al padre de esta combinación ganadora. Situado en una cultura que pone la búsqueda del éxito profesional en su centro, Goleman aborda este tema de forma completa. Y con razón. Entre los estudiosos que hemos mencionado hasta ahora, Goleman es probablemente el psicólogo más orientado al uso de la inteligencia emocional como una herramienta fundamental para construir el éxito profesional - a diferencia, por ejemplo, de Salovey y Mayer, que han orientado su estudio a los beneficios relacionados con el contexto social y relacional en particular. Hablamos de un binomio ganador porque no hay duda sobre el enorme potencial que la inteligencia emocional tiene, si se desarrolla cuidadosamente, en la decisión del éxito de cualquier profesional.

No se relaciona a una industria específica, de hecho si usted es un biólogo, un mecánico, un escritor, un mensajero, un maestro o un empresario, la inteligencia emocional puede ser la clave para su crecimiento laboral debido a su carácter transversal. No te enseña a hacer mejores cálculos o ecuaciones, ni te enseña un mejor sentido de orientación, no te hace un científico más preparado. La inteligencia emocional enseña a través del conocimiento de las emociones de uno mismo y de los demás a enfrentar de manera óptima y rentable cada circunstancia, orientando el comportamiento de uno al logro de una meta establecida, desterrando el instinto con demasiada frecuencia dañino en el contexto laboral, y promoviendo el autoconocimiento y la empatía hacia los demás.

Específicamente, la inteligencia emocional debidamente desarrollada te permite convertirte en un verdadero líder, independientemente de tu papel real. Además de ser un punto de referencia para los demás, seremos motivadores, valoraremos las emociones de los colegas empatizando con ellos y reduciendo en gran medida su estrés y frustración, de nuevo, seremos percibidos como aliados.

Los beneficios de un ambiente de trabajo provisto de un buen líder

¿Qué tan importante es el liderazgo en el trabajo? Ciertamente no se trata de tener habilidades impositivas, y en este punto del manual lo sabemos: ser un buen líder significa conducir, y conducir significa tener la confianza de los demás para hacerlo.

Un entorno en el que hay confianza, colaboración, escucha activa, sinceridad, ayuda, apoyo, es un entorno en el que cada personalidad tiene la oportunidad de dar lo mejor de sí misma, en el que cada persona es realmente un recurso capaz de poner en el plato sus mejores peculiaridades y que quiere trabajar para alcanzar los objetivos de la empresa, porque los percibe como propios. En particular, un buen líder crea un entorno de trabajo en el cual:

• *Crece la motivación*: un ambiente sano y estimulante, seguro y sereno te hace querer dar lo mejor de ti, aumentando así significativamente la motivación de todo el equipo;

• *Crece la productividad* (se estima un aumento de más del 55%), gracias también a un aumento significativo de la positividad general: de hecho, está demostrado que los entornos de trabajo en los que la confianza y la salubridad son una realidad gracias a la orientación de un líder capaz de escuchar y motivar, son claramente más productivos que las empresas en las que se intenta exprimir las energías de los empleados hasta el final en un entorno insano, competitivo y punitivo;

• *Crece la capacidad de concentración:* no hace falta decir que en un ambiente sano y relajado, en el que uno se siente cómodo gracias a la presencia de un líder disponible y presente, y en el que no hay razones constantes de descontento, frustración, ansiedad, es mucho más fácil trabajar con concentración.

• *Crece la capacidad de resolución de problemas:* un buen líder, dotado de inteligencia emocional, sabe lo importante que es, y lo hemos visto en relación con el crecimiento de los más pequeños, dejar que la gente a su alrededor experimente soluciones de forma autónoma, aunque se equivoquen. Este tipo de peculiaridad está totalmente ausente si estamos en contextos en los que el "jefe" impone los métodos de resolución para todo - tal vez gritando y quejándose de tener que hacer todo - nunca dejando a sus empleados la confianza necesaria para llevar a cabo una serie de tareas ellos mismos y desarrollar la resolución de problemas.

El liderazgo como entrenamiento

Dotado de inteligencia emocional, sin embargo, nuestro líder ideal no se detiene allí: el entrenamiento constante y diario es fundamental para que sea capaz de responder a cada variación y cada cambio en el entorno de trabajo, a todas las circunstancias y también en momentos de fuerte estrés. Entre ellas es importante que nuestro líder se rodee de una amplia variedad de oportunidades de intercambio, para entrenar su capacidad de escucha activa, pero aún más para que se rodee de colaboradores que pongan a prueba su flexibilidad de pensamiento.

Tener siempre gente alrededor que piensa como nosotros nos limita fuertemente en términos de contenido - ¿quién dice que no podemos, desde una opinión diferente, aprender algo? - pero sobre todo nunca nos pone en condiciones de entrenar nuestra capacidad de mantener la confrontación en los carriles de un intercambio saludable, sin incurrir en un comportamiento insano.

Este tipo especial de formación, que puede parecer superflua, en realidad aumenta nuestra competencia de comunicación, pero también mejora la relación con nuestros colaboradores, que no tendrán miedo de expresarse, porque aunque no estén de acuerdo, serán respetados en cualquier caso. Este tipo de dinámica no es exactamente tan común, especialmente en las empresas que tienden a mantener su enfoque en la productividad y prestar poca atención a las dinámicas humanas y relacionales, pero que sin embargo son intrínsecamente indispensables, dado que cualquier empresa está formada por personas.

Estrategia aplicada para el desarrollo de la inteligencia emocional: dos pasos prácticos

Definamos ahora en detalle y en términos concretos todo lo que hemos tratado hasta ahora en términos teóricos. Este manual, de hecho, quiere ser una guía capaz de apoyar concretamente el desarrollo de la inteligencia emocional, con sus implicaciones positivas en todos los ámbitos de nuestra vida, relacional, profesional, pero sobretodo personal. Al describir, en efecto, las ventajas relacionadas con nuestra esfera afectiva, o enfrentando el binomio ganador de inteligencia emocional-liderazgo, también mencionamos el elemento que tal vez tiene la mayor relevancia y esa es la oportunidad finalmente de conocerse a sí mismo, de aceptarse a sí mismo, de mirarse honestamente, incluso de lograr un crecimiento personal real

¿Cuáles son basicamente las estrategias a aplicar para

Estrategia concretas

desarrollar este extraordinario instrumento de crecimiento y mejora?

En primera instancia, volvamos a las bases: el escucharse a sí mismo. Recordemos siempre que incluso si intentamos, instintiva y erróneamente, ocultarlas, nuestras emociones seguirán surgiendo a través de las manifestaciones del cuerpo. Los latidos de nuestro corazón aumentan, las manos comienzan a temblar, el sudor que aljofara nuestra frente, estos cambios delatan un estado de ansiedad, como le sucede al estudiante antes de un examen importante, o al profesional antes de una presentación que podría cambiar su carrera. Escuchémonos, aprendamos a leer los cambios y aprendamos a relacionarnos con ellos, para ser capaces de controlar las emociones. Sólo después de tomar conciencia de las emociones, es posible hacer un control de ellas. Una herramienta extraordinaria en este sentido es la meditación. No necesitamos objetos especiales para practicar la meditación, aparte de un guía y un momento para nosotros. Gracias a la concentración, la meditación logra volver a la conexión con nosotros mismos y nuestras emociones, para "observarlas" y evaluarlas, incluso para superarlas, o para proporcionarnos soluciones. Pongámonos en una relación más sincera con lo que realmente mueve nuestras decisiones, cuestionemos siempre lo que normalmente damos por sentado, desenganchando el pensamiento de las respuestas automáticas. Nunca dejemos de preguntarnos por qué tomamos nuestras decisiones. Podemos utilizar un método que nos permita reflexionar sobre ellas, incluso más tarde, reevaluarlas y entenderlas plenamente, y este método es escribirlas, simplemente. Ya sea en un cuaderno o en un diario, abrimos para nosotros mismos un espacio seguro al que ir y verbalizar lo que sentimos, y lo que mueve nuestras vidas, nuestras decisiones. Esta herramienta, que aparentemente puede parecer realmente trivial, pero que por otro lado está al alcance de todos, nos da la oportunidad de hacer un seguimiento de nuestros pasos, de reflexionar sobre lo que nos ha empujado en cierta dirección para no repetir ese comportamiento, y también para reevaluar nuestro camino y visualizar nuestro progreso, en relación con nuestra inteligencia emocional. Hagamos un análisis más profundo, esta vez sobre las emociones que nos invaden más que otras. Estamos hablando en este caso sobre el tono emocional o la emoción predominante. Este análisis es muy importante, y hay que hacerlo honestamente, para definir cómo abordamos lo que nos sucede. Al hacer esto, podemos ver fácilmente las razones por las que no pudimos lograr nuestros objetivos. ¿Casi siempre estamos impregnados por un sentimiento de ira, así que reaccionamos instintivamente? ¿A menudo estamos tristes o desmotivados? Podríamos investigar estas emociones para revelar su origen: tal vez no estamos tan satisfechos con la vida que hemos luchado tanto para

133

construir. La inteligencia emocional también consiste en adquirir la capacidad de regular el tono emocional, hasta el punto de modificar nuestra emoción dominante, donde es perjudicial para nuestro bienestar psicofísico y perjudicial para nuestra felicidad, peyorativa de nuestras relaciones y dañino para nuestro éxito laboral. Acostumbremonos a analizar, junto con nuestras emociones y las motivaciones detrás de nuestras decisiones, también la forma en que percibimos el tiempo que tenemos disponible a lo largo del día. ¿Con qué frecuencia nos sentimos asfixiados y abrumados por los compromisos, quejándonos de que no tenemos tiempo para terminar nuestro trabajo, leer este o aquel libro, enviar ese mensaje o incluso cultivar el tiempo libre? Además de ser una característica de nuestra era, la obsesión por el tiempo puede afectar negativamente nuestras vidas con un estado perenne de ansiedad. Sin embargo, ¿con qué frecuencia, sabiendo que estaremos impregnados por ese molesto sentimiento de malestar

134

dado por la culpa, posponemos lo que debemos hacer? ¿Alguna vez nos hemos preguntado por qué? No siempre se trata de pereza o cansancio, puede suceder en cambio que sintamos una sensación de rechazo por esa actividad.

Ejercicios

Podría ser interesante y de mayor apoyo *hacer* algunos ejercicios prácticos, capaces de ponernos en mayor conexión con nuestras emociones:

1. La tabla de las emociones

Recopilemos una tabla que relacione cada emoción con el evento que la activó y las reacciones físicas que pudimos observar en respuesta a esas emociones. ¿Para qué sirve esta herramienta? En primer lugar, ejerceremos nuestra capacidad de entender nuestro sentimiento, como algo que va directamente relacionado con estímulos precisos. En segundo lugar, lo que escuchamos al compilar la tabla es indicativo y puede ser una señal adicional para nosotros. Si tenemos cierta dificultad para describir una emoción, tal vez necesitemos conocerla mejor, mientras que si tenemos dificultades para hablar de ello porque nos hace sentir incómodos, obviamente necesitamos explorar mejor el dolor causado por ese evento desencadenante, y entender las motivaciones.

2. Las emociones en relación con la música

Es bien sabido cuánta música puede evocar estados emocionales muy intensos. Aprovechemos esta oportunidad para explorar nuestra emoción: tomemos tiempo para nosotros mismos, escuchando música - podemos elegir libremente el género que preferimos - y señalando en una tabla, en la que hemos enumerado previamente todas las emociones, la intensidad que sentimos con simples valores numéricos, de 0 representando la ausencia de intensidad, a 10, lo que representa la máxima intensidad.

Descubriremos que al escuchar algunas canciones habremos marcado, por ejemplo, el número 8 junto a felicidad, y 0 junto a la tristeza, mientras que al escuchar otras habremos señalado 5 junto a la ira y 0 junto a la felicidad. Y así sucesivamente. Este ejercicio es muy importante para aprender a relacionarse con las emociones a partir de estímulos controlados e inofensivos, y por lo tanto para reflexionar sobre nuestras sensaciones. Pero también para aceptarlas: cuántas veces en el transcurso del día tratamos de ahuyentar la tristeza, porque no nos gusta sentirnos tristes en absoluto. En cambio usamos esa canción que nos hace sentir tristes para aprender a permanecer dentro de ese estado emocional, para aprender a tolerarlo, aceptarlo, gestionarlo y finalmente a transformarlo.

Hemos llegado al final de este viaje emocional, espero que hayan disfrutado de mi libro y se hayan involucrado en este tema tan interesante. Estoy seguro de que después de esta lectura, algo en ti cambiará. Cuéntame tu opinión publicando una reseña en la página del producto y únete a mi grupo de Facebook para mantenerte al día sobre mi mundo;

Conclusiones

¿Cómo te sientes al final de este viaje?

El viaje dentro de la inteligencia emocional en realidad acaba de comenzar, a pesar de que la palabra "conclusiones" se destaca en esta página. Aquellos que quieren interrumpir el ciclo de negatividad, aquellos que realmente quieren -y no sólo con palabras- mejorar sus vidas, crecer, conocerse, tomar conciencia, sólo han comenzado este camino, y ciertamente no lo han concluido aquí.

La revolución liderada por Goleman con la profundización y difusión de la teoría de la inteligencia emocional ha influido fuertemente en nuestra sociedad, reconectando al ser humano ahora completamente inmerso en la tecnología y el frenesí de la productividad, de nuevo a sí mismo. La inteligencia emocional es un destello de reconexión con la naturaleza humana, fuertemente social y espiritual, en esta cultura dominada por el materialismo.

La inteligencia emocional debe vivirse como un camino, durante el cual no tienes prisa por alcanzar la meta, sino más bien disfrutar de cada etapa y continuar sólo después de haber explorado cada rincón de las ciudades recorridas.

Algunos lo llamarían el "camino hacia la felicidad", y me gusta pensar que tienen razón, ya que la actitud emocional y mental con la que enfrentamos la vida hace una diferencia en cada experiencia que vivimos. Y esto también se aplica a la vida de quienes nos rodean. Como hemos visto, un padre, que ha desarrollado inteligencia emocional, realmente puede cambiar y mejorar la vida de su hijo, haciéndolo a su vez capaz de cultivarla y convertirla en una herramienta para mejorar su existencia desde una edad temprana. Así como el profesional que se hace pasar por líder y mejora el ambiente de trabajo que frecuenta.

La inteligencia emocional puede ser realmente la piedra angular para muchas personas cuya existencia parece estar reñida con lo que verdaderamente querían, cuando todavía tenían la capacidad de desear. Puede marcar la diferencia en la vida de quienes no pueden aceptar una emotividad que domina su existencia, y que destruye sus relaciones, así como salvar a quienes, incapaces de relacionarse con sus emociones, tratan de reprimirlas con alcohol, drogas, malos hábitos, y una vida insatisfactoria y pobre de experiencias positivas.

Estos siete pasos pueden hacer de tu vida el éxito que no te atreviste a soñar de niño, pueden convertirte en la persona feliz y realizada que siempre quisiste ser y que te esfuerzas en mostrar al mundo exterior. Finalmente conquista la vida que te mereces, trabajando única y exclusivamente sobre ti mismo.

Made in the USA
Columbia, SC
14 November 2023

25678605R00078